Ce que veulent les hommes

Bradley Gerstman, Christopher Pizzo,
Rich Seldes

CE QUE VEULENT LES HOMMES

•MARABOUT•

Titre original : *What Men Want*

Traduction : Stéphanie Clerval

---

1. Dans le cœur et l'esprit d'un homme

Vous êtes-vous jamais demandé pourquoi un homme trompe la femme qu'il aime ? Ou pourquoi, après lui avoir fait l'amour passionnément, l'idée lui vient brusquement de détaler comme un lièvre ? Pourquoi il déteste qu'on l'interroge avec trop de précision sur sa vie amoureuse et pourquoi il lui est si difficile de dire « je t'aime » ?

Au cours du dîner, ne vous êtes-vous jamais demandé si vous deviez payer quelque chose ? Ou si passer trop vite dans sa chambre à coucher risquait d'être préjudiciable à votre future relation ? Pourquoi il ne rappelait pas après une première rencontre qui vous semblait pourtant réussie ? Auriez-vous dû vous comporter différemment avec lui ? Même lorsque vous brûlez de désir pour lui, ne vaut-il pas mieux jouer la comédie de la froideur ?

Autant de questions que se posent un jour presque toutes les femmes. Certaines d'entre elles, plus hardies que les autres, se risquent à confier ces anxiétés secrètes à leurs amis masculins. Mais, face à leur perplexité, les hommes restent souvent muets. Lorsqu'il s'agit de révéler leurs émotions – vulnérabilité, indécision, ravissement –, ils s'en tiennent souvent à une loi du silence et à une indifférence de surface. Et pourtant... Contrairement à ce que beaucoup de femmes pensent, ils sont beaucoup plus sentimentaux qu'ils n'en ont l'air. Et, sous leurs airs impavides, cachent les mêmes vulnérabilités que vous...

Face à ces éternels malentendus qui séparent les sexes, les trois auteurs de cet ouvrage, hommes et célibataires de leur état, ont décidé de briser l'*omerta* masculine et d'éclairer de leur mieux les femmes sur ce que dissimule leur façade macho.

Brad est avocat, Chris expert-comptable et Rich médecin. Notre intention ? Offrir à nos lectrices une nouvelle version modernisée de la « carte du tendre » qui n'omettra pas d'aborder des sujets parfois très crus. Les conseils qui vont suivre ne sont pas rédigés par quelque observateur extérieur mais bien plutôt par des hommes concernés ! Nous nous adresserons directement aux femmes – ce que leurs petits amis évitent généralement de faire ! – et nous tenterons d'aborder honnêtement et sans agressivité tous ces sujets si intimes qui font la trame même d'une relation amoureuse. Notre espoir ? Qu'à la fin de ce modeste ouvrage, les femmes comprennent mieux ce que ressentent les hommes, comment ils agissent et réagissent.

À nous lire, certains hommes ne manqueront pas d'être choqués de nous voir ainsi clamer haut et fort ce qu'ils ont toujours voulu garder pour eux. Car nous ne souhaitons pas dissimuler la fragilité de l'ego masculin ni édulcorer les aspects parfois brutaux de notre désir sexuel. Se libérer d'un idéal certes romanesque mais presque toujours porteur de désillusions peut aider les femmes à faire de meilleurs choix dans leurs relations amoureuses. Quelques vérités parfois pas toujours flatteuses pour le sexe fort leur permettront de mieux se protéger d'expériences sentimentales douloureuses et, en apprenant à mieux reconnaître les hommes qui ne les aiment pas, de garder ceux qui les aiment.

En tant que célibataires, nous sommes tous trois frappés par l'extraordinaire manque de communication qui sépare les sexes. C'est à croire qu'un océan de malentendus nous isole les uns des autres et que nous ne parviendrons jamais à nous comprendre ! L'amplitude du problème nous a frappés au cours d'un été où nous partagions une villa au bord de la mer avec un petit groupe de femmes très différentes les unes des autres. Que ce soit autour de la piscine, en nous promenant sur la plage, ou en sirotant un verre, la conversation en arrivait immanquablement à la question des relations amoureuses. Nos amies nous confièrent les difficultés qu'elles rencontraient avec leurs partenaires et nous fûmes bientôt sommés de nous expliquer sans détour sur les comportements de nos confrères...

Elles nous demandèrent d'être honnêtes – et nous le fûmes. Aussi ne nous sommes-nous pas embarrassés de circonlocutions pour dire quelques rudes vérités, surtout lorsqu'il nous semblait évident que certaines femmes étaient abusées, manipulées ou utilisées par des compagnons peu scrupuleux. Nous les aidâmes également à voir si leurs partenaires dissimulaient leurs sentiments par insécurité, par peur, ou par absence d'amour et de désir. Nous discutâmes de tout, qu'il s'agisse de questions apparemment aussi peu essentielles que de donner ou non son numéro de téléphone dès la première rencontre ou, encore, le comportement à adopter le premier soir où vous sortez avec une nouvelle conquête. Mais, naturellement, nous avons aussi parlé de sexe et d'engagement « pour la vie ». Le temps des vacances vint à son terme et nous nous séparâmes. Plus tard, ces mêmes amies nous confièrent que nos discussions estivales les avaient beaucoup aidées à considérer leurs compagnons sous un autre jour et à les aborder différemment. Cette nouvelle compréhension de leur vie sentimentale contribua à améliorer leurs relations et aida même certaines d'entre elles à renoncer à des liens malheureux.

Ce qui nous surprit le plus, ce fut de constater combien ce que nous prenions pour des vérités premières connues de tous avait été pour elles une véritable révélation. À nos yeux, tout ceci nous paraissait du simple bon sens. Nous savons comment fonctionne le cerveau des hommes. Nous connaissons leurs espoirs et leurs attentes. Aussi fûmes-nous plutôt surpris de découvrir que nos propos avaient plongé ces jeunes femmes dans le désarroi le plus complet. Notre connaissance de ce qui marche pour les hommes ne collait pas avec l'idée qu'*elles* s'en faisaient. Et nos conseils ne ressemblaient pas à ce que leurs amies et leurs mères leur recommandaient.

Après quoi, elles réalisèrent que nous étions *exactement* le genre de types avec lesquels elles sortaient. Elles avaient des relations avec des courtiers, des ingénieurs, des avocats et des médecins, bref, des cadres tout comme nous. Au cours d'un dîner de retrouvailles, elles nous suggérèrent d'écrire un livre. « Faites circuler l'information, insistèrent-elles, les femmes en ont besoin. »

Tous nos conseils suivent un principe simple : *« Se débarrasser des hommes à problèmes et savoir séduire – puis garder – ceux qui sauront vous rendre heureuse. »* Grâce à nos propres expériences et en écoutant ce que nos amis nous confient, nous avons compris que trop de femmes se laissent embringuer dans des relations qui ne mènent nulle part. Si tel est votre cas, suivez nos recommandations et débarrassez-vous de cette attitude négative qui consiste à toujours choisir celui qui vous fera souffrir tandis que, sans le vouloir, vous gâcherez une bonne relation et ferez fuir celui qui saurait infiniment mieux vous aimer. Si vous avez déjà eu la chance de rencontrer l'oiseau rare mais que vous craignez de le voir s'éloigner de vous, lisez, vous aussi, attentivement les lignes qui suivent.

Mais, d'abord, comment reconnaître « l'homme à fuir » de « l'oiseau rare » ? Le premier semble en général très accro à vos charmes et donne l'impression qu'il est fou de vous alors qu'il n'a en réalité aucune intention de s'engager. Bref, tout ce que vous risquez au bout du compte avec lui, c'est de perdre un temps précieux. Valérie, l'une de nos amies, avait rencontré un spécimen du genre et ne savait plus comment s'en débarrasser. Elle sortait avec lui depuis deux mois et sentait qu'elle était en train d'en tomber folle amoureuse. Pourtant, elle avait l'impression qu'il ne souhaitait pas s'engager autant qu'elle. Nerveuse et inquiète, elle nous demanda ce que nous en pensions.

Nous lui posâmes quelques questions clés afin d'essayer de deviner si son nouveau coup de cœur la considérait comme « une passade » ou une femme « pour la vie ». Car, croyez-le ou non, lorsqu'un homme commence à sortir avec une partenaire, il la range immédiatement dans l'une de ces deux catégories, et se conduit avec elle en conséquence. En étudiant alors son comportement, nous comptions bien trouver la preuve irréfutable qui permettrait de savoir s'il était sérieux ou s'il la menait en bateau.

Le voyait-elle le week-end ou juste en semaine ? Leurs conversations étaient-elles toujours brèves et peu profondes ou abordaient-elles aussi des sujets sérieux ? Parlaient-ils parfois de l'avenir ? Avait-elle rencontré ses parents ? Lui téléphonait-il à l'avance pour leurs rendez-vous ou appelait-il après minuit pour venir tout de suite coucher avec elle ? Ses réponses révélèrent où elle en était avec lui. Nous lui conseillâmes, puisque son but profond était de se marier – et pas seulement s'amuser –, de le laisser tomber séance tenante car il nous parut évident qu'elle figurait sur une longue liste de conquêtes dont son partenaire n'avait aucun intention de se séparer. Valérie n'était à ses yeux qu'un gibier de plus et il y avait gros à parier qu'elle ne serait jamais rien d'autre.

La situation semblait différente pour Anna. En l'écoutant, nous eûmes le sentiment qu'elle avait rencontré l'oiseau rare. Ils sortaient ensemble depuis un an et, visiblement, paraissaient très épris l'un de l'autre. Mais Anna se sentait malgré tout frustrée et voulait, selon ses propres termes, « faire aller les choses plus vite et se marier ». Comment pouvait-elle l'amener à soulever la question ? Que pouvait-elle bien faire ?

Après avoir discuté un moment, il nous parut évident que son petit ami était sur le point de passer à la vitesse supérieure et de la demander en mariage. Mais, comme beaucoup de femmes, Anna trouvait qu'il prenait trop de temps pour arriver au but. Malheureusement, le forcing qu'elle exerçait sur lui l'empêchait de se décider ! Son besoin permanent de parler de leur relation avait exaspéré son ami et il n'avait même plus envie de lui dire « je t'aime ».

Nous conseillâmes à Anna de lâcher prise, d'arrêter de s'acharner sur lui, et de laisser l'amour suivre son propre rythme. Jamais elle n'obtiendrait ce qu'elle désirait en faisant pression sur son partenaire. Si elle voulait le voir un jour lui passer la bague au doigt, le mieux pour elle était d'abord d'*être* tout ce qu'il aimait en elle. S'il adorait sa cuisine, il fallait lui faire la cuisine. S'il appréciait sa décontraction et sa bonne humeur, elle devrait être décontractée et de bonne humeur. S'il aimait la voir porter des dessous affriolants, qu'attendait-elle pour acheter de la lingerie sexy ? Nous étions en mai. En août, sa nouvelle attitude relax permit à son ami de commencer à se détendre. Une fois la pression relâchée, il fut capable de faire évoluer leur relation à sa manière. Il recommença à dire « je t'aime », à lui envoyer des fleurs et à lui murmurer des mots tendres. Aux dernières nouvelles, ils passaient leur lune de miel en Italie.

En toute honnêteté, quand vous savez ce que veut un homme, il est plus facile d'en obtenir ce que vous voulez. Un homme a besoin d'avoir l'impression de décider par lui-même et au moment qu'il a choisi. Voilà pourquoi il est quasiment impossible de le contraindre à faire quelque chose que *vous* avez décidé – même s'il en a envie !

Pensez aussi que, sous ses airs de dur, un homme a en réalité besoin de se sentir apprécié et nécessaire. C'est donc une bien mauvaise idée de jouer les indifférentes en croyant que cela excitera davantage son intérêt à votre égard. Un exemple ? Déborah, une autre de nos amies. À l'entendre, elle avait toutes les difficultés du monde à développer une vraie relation avec un homme. Après l'avoir questionnée avec précision, nous nous aperçûmes qu'elle traitait les hommes comme des adversaires. Elle jouait « la carte de la froideur », croyant piquer ainsi leur curiosité et stimuler leur besoin de conquête. Au début de la relation, elle se gardait bien d'afficher le moindre enthousiasme et, plus tard, se servait de la jalousie pour aiguiser la passion de son partenaire.

Bref, elle faisait mine de reculer pour forcer les hommes à se rapprocher. Mais ses calculs ne réussissaient qu'à les pousser à s'enfuir après une ou deux rencontres. Il était clair que Déborah s'aliénait les hommes en les menaçant au cœur même de leur besoin de sécurité. Au contraire de ce que lui conseillaient ses amies ou ce qu'affirment les manuels de recettes amoureuses, *la froideur ne marche pas.*

En règle générale, les hommes n'aiment pas révéler leur vulnérabilité. Bien sûr, nous comprenons que les femmes ont besoin de se protéger des cyniques et nous savons que nombre d'entre elles s'engagent souvent dans des relations avec des hommes qui les mènent en bateau. Mais pourquoi s'aliéner par de douteuses stratégies de défense celui qui a tout pour devenir l'homme de vos rêves ? Il faut savoir prendre quelques risques. En jouant la froideur ou l'indifférence, les femmes ne rendent service ni aux hommes ni à elles-mêmes. Il faut plus de générosité entre les sexes et non pas une sempiternelle guerre des nerfs.

Ce qui motive un homme chez une femme, c'est son authentique gentillesse. Lorsque vous êtes gentille avec un homme, il lui devient tout d'un coup très facile d'être gentil avec vous. Tous savent qu'à la longue, lorsqu'une femme cherche à compliquer le jeu – la plupart du temps parce qu'elle n'a pas assez confiance en elle –, ça ne marche pas. Ce livre, vous le comprendrez très vite, ne cherche pas à dresser les sexes l'un contre l'autre, ni à jouer la carte facile de l'ironie ou de la satire. Ce genre d'effet facile a déjà fait long feu. Aujourd'hui, tout le monde a besoin de bonheur et de paix dans sa vie sentimentale. Tout ce que nous voulons, c'est hisser le drapeau blanc, dévoiler les habituels plans de bataille des grandes stratégies amoureuses afin de vous aider à cesser les hostilités. Montrer aux femmes ce que les hommes veulent *réellement.* Au lieu de faire peur aux types intéressants, elles sauront mieux ainsi lire les signaux qu'ils leur envoient, parfois plus ou moins consciemment, mais toujours selon les mêmes protocoles. Si vous suivez nos conseils, *vous pourrez enfin apprendre à vous débarrasser des porte-poisse et attirer à vous les faveurs d'un homme vraiment fait pour vous.*

Laissez-nous vous présenter Sophie. Elle fut totalement déconcertée lorsque l'ami avec lequel elle était sortie trois fois cessa de l'appeler. Naturellement, il existe pas mal de raisons pour qu'un homme cesse d'appeler mais nous connaissions assez bien Sophie pour deviner ce qui avait bien pu se passer. « As-tu beaucoup parlé de ton ancien petit ami ? » lui avons-nous aussitôt demandé, sachant que, lorsqu'un type lui plaisait, elle ne pouvait s'empêcher d'aborder des sujets profonds et personnels dès les premières rencontres. Comme de nombreuses femmes, elle croyait que parler de ses ex était un bon moyen de faire partager ses sentiments et ses espérances. Une façon de faire comprendre tout ce qu'elle ne voulait jamais revivre. Nous lui conseillâmes de cesser sans attendre ce genre de politique qui ne réussissait qu'à mettre fort mal à l'aise ceux qui s'intéressaient à elle. Aux dernières nouvelles, Sophie avait décidé de changer d'attitude et sortait sérieusement avec un homme depuis plusieurs mois.

Croyez-nous, il n'est pas si difficile de comprendre les hommes une fois que vous connaissez leur langage. Voilà pourquoi nous allons tenter d'établir la liste des signaux clairs qu'ils « émettent » lorsqu'ils apprécient une femme ou, au contraire, lorsqu'ils ne s'intéressent pas vraiment à elle. Celles qui sauront déchiffrer ces signaux pourront tirer le meilleur parti de leurs chances et, peut-être, se dépêtrer d'une relation vouée à l'échec. En les aidant à mieux décoder les sentiments des hommes, nous espérons également leur permettre d'entamer des relations avec des compagnons vraiment faits pour elles. Nous n'oublierons pas non plus de leur faire savoir tout ce qui nous irrite prodigieusement, nous poussant à nous éloigner d'elles. Et nous leur dirons aussi ce qui nous rend fous d'elles.

Bien sûr, nous ne sommes pas des psychologues et ces petits conseils ne sont fondés que sur notre expérience de célibataires qui aiment les femmes et, parfois, fort heureusement, réussissent à se faire aimer en retour ! Notre style, c'est plutôt le type en costume cravate qu'on rencontre dans le métro, qui boit une bière au bar en lisant son journal et, le dimanche, fait son jogging au parc pour garder la forme. Le genre attentionné qui emmène sa mère au restaurant le dimanche ou qui frappe dans une balle de golf avec son père en échangeant des considérations paisibles sur la marche du monde. Ambitieux, bien élevés, soucieux de notre famille, nous sommes aussi, évidemment, bourrés de défauts et nous ne prétendons pas passer pour des saints ou des experts en matière de questions amoureuses. Si cet ouvrage se propose d'apporter un éclairage plus réaliste sur les comportements masculins, nous n'espérons pas parler au nom de tous nos congénères. Mais, après tout, c'est beaucoup mieux ainsi. Dans tous les domaines, l'originalité et la créativité sont encore le meilleur moyen de régler chaque situation.

Nous nous contenterons donc de parler plutôt des hommes qui nous ressemblent, ceux qui mènent souvent une activité professionnelle stressante et qui, s'ils souhaitent tout comme les femmes réussir leur vie sentimentale, n'ont pas forcément beaucoup de temps à consacrer à d'éventuels problèmes ou n'ont pas envie de se compliquer encore l'existence. C'est peut-être pour cela que nous préférons fréquenter des femmes décontractées, qui savent s'amuser et nous faire oublier les soucis de la journée. Nous aimons la compagnie de femmes à l'esprit ouvert, sans préjugés, intelligentes et dotées d'un bon sens de l'humour. Naturellement, comme tous les hommes, nous sommes attirés par les femmes sexy, qui prennent soin de leur corps autant que de leur âme et qui savent se montrer sûres d'elles-mêmes et capables d'assumer des responsabilités. Nous les aimons généreuses, affectueuses et gaies.

Mais ne vous méprenez pas : il ne s'agit pas ici de dresser le portrait de la femme modèle à laquelle vous devez vous efforcer de ressembler par tous les moyens. Comme nous sommes loin d'être des saints – et nous savons déjà que, sur ce point, vous êtes parfaitement d'accord avec nous –, l'objet de ce livre n'est pas de nous dissimuler derrière d'hypothétiques idéaux. Voilà pourquoi nous n'omettrons pas de vous révéler nos points faibles.

Mais il est grand temps de nous présenter : nous sommes trois amis de toujours aux caractères plutôt dissemblables. Bradley appartient plutôt à la catégorie des « joueurs » ou – depuis qu'il a mûri – des joueurs « assagis ». Il a la tête solide et adore débattre d'une infinité de sujets. Au collège, il jouait comme un dieu au football, remporta toute une kyrielle de récompenses sportives et trouvait aussi le temps de s'occuper du bal universitaire. Après l'obtention de ses diplômes, il devint assistant du procureur dans le Bronx, puis créa son propre cabinet d'avocat, Raskin & Gerstman. Il est beaucoup sorti au cours des dernières années et a eu quelques relations sérieuses. Sous son air de dur, Brad a toujours été sensible aux besoins et aux désirs de ceux qu'il aime.

Chris, lui, serait le « romantique » du groupe, celui qui, malgré des débuts difficiles, a su s'en sortir. Élevé par une mère célibataire peu fortunée, il était décidé à réussir. Après le lycée, il passa ses examens, réussit son MBA et travailla dans une entreprise de comptabilité dont il devint par la suite le vice-président. Au lycée, il tomba amoureux au cours de sa dernière année scolaire. Lorsque cette relation cessa quatre ans plus tard, il s'en trouva un bon moment accablé puis mit un sparadrap sur son cœur et entreprit sérieusement de trouver la femme de sa vie. Depuis lors, il n'a pas arrêté de sortir avec des filles. Son grand cœur le rend parfois trop vulnérable aux blessures que les autres lui infligent, mais sa nature affectueuse et son style direct lui gagnent l'amitié de beaucoup de ceux qui le connaissent.

Quant à Rich, ce serait davantage « l'intellectuel ». Cultivé, il a beaucoup voyagé et apprécie les belles choses. Tout en menant de brillantes études, il fut aussi président des anciens élèves de son collège, membre de l'équipe de football et, accessoirement, major de sa promotion. Bref, Rich a toujours donné l'exemple de la vitalité. Il a choisi de faire sa médecine pour exercer une profession sociale et avoir ainsi une influence positive sur les gens. Au cours de ses études et, par la suite, en tant que praticien, il a toujours rêvé d'avoir une compagne à ses côtés qui lui laisserait l'espace et le temps de poursuivre sa carrière tout en comblant son idéal amoureux. Mais, jusqu'à récemment, ce fut une quête plutôt décourageante. Après être sorti pendant des années avec des partenaires différentes, il a finalement rencontré Maria, son amie depuis trois ans. En tant qu'homme et en tant que chirurgien, Rich avance d'un pas mesuré et calme.

Maintenant que les présentations sont faites, il est grand temps de passer aux conseils pratiques et de révéler à nos chères lectrices quelques faits incontournables sur cette espèce toujours aussi difficile à comprendre que sont les hommes...

2. Dix principes de base à retenir sur les hommes

Principe n° 1 : Les femmes ont plus de pouvoir sur les hommes qu'elles ne l'imaginent

Saviez-vous qu'il nous est infiniment plus facile d'affronter un homme deux fois plus baraqué que nous, de demander une augmentation à notre patron ou de courir un marathon un jour de canicule que d'aborder une femme ? Les hommes sont biologiquement poussés à être agressifs et à rivaliser, et leur éducation ne fait que les conforter dans ce sens. Mais, dans leur esprit, vous êtes plus intimidantes qu'un rugbyman de deux mètres ou qu'un premier job ! Bref, un homme peut encaisser courageusement la douleur physique, affronter de lourdes charges de travail, assumer des situations périlleuses, mais il a horreur de voir sa sacro-sainte virilité menacée dans des circonstances où il se sait le plus vulnérable. C'est-à-dire avec vous.

Rivaliser avec d'autres hommes, agir dans le monde, développer le sens de son rang et de sa valeur, cela il sait le faire. Mais se sentir soumis au jugement d'une femme le plonge dans le plus grand désarroi. Qu'il soit par ailleurs sûr de lui, séduisant, confirmé dans sa vie professionnelle, il aura toujours peur de se voir pris en flagrant délit d'insuffisance par une femme. Aussi contradictoire que cela paraisse, le puissant désir que nous ressentons envers vous n'a d'égal que notre formidable sentiment d'insécurité.

Les femmes pensent encore trop souvent que les hommes ont tous les pouvoirs parce qu'ils ont longtemps dominé le monde. Erreur ! Même si c'est une banalité de le répéter, on ne dira jamais assez l'immense influence des femmes dans notre vie. Ce sont elles qui ont la faculté de nous rendre forts ou de nous démolir. Pas étonnant, alors, que, au moment de choisir une compagne pour la vie, nous nous montrions soudain aussi méfiants que des tigres.

Une femme consciente de la puissance qu'elle possède sur un homme peut canaliser cette force pour gagner son esprit et son cœur. Servez-vous-en judicieusement et vous ferez ce que vous voulez de nous.

Principe n° 2 : Les hommes apprécient les femmes qui prennent l'initiative

S'il est vrai que les hommes se sentent souvent menacés par les femmes trop sûres d'elles-mêmes, ils n'en apprécieront pas moins que vous sachiez aussi prendre des initiatives. Ne laissez pas les autres choisir pour vous, faites connaître vos désirs et vos goûts. Les hommes qui ont du caractère croient en l'équilibre des puissances.

C'est également vrai au cours de la première rencontre entre un homme et une femme. Les hommes ont un système d'évaluation interne qui leur dit s'ils doivent ou non aborder une charmante inconnue. Si vous êtes intéressée, allez-y et faites pencher la balance en votre faveur. Vous avez le pouvoir, servez-vous-en. Une fois que vous avez compris à quel point les hommes se sentent démunis devant les femmes, c'est à vous de leur faire sentir que vous êtes intéressée. Sachant que les hommes comprennent avec finesse le langage des femmes, un regard suffira le plus souvent à leur faire traverser la pièce dans votre direction.

Principe n° 3 : Les hommes n'aiment pas les complications

Les hommes se méfient des femmes qui jouent trop avec leurs sentiments. Certes, nous ne nous sentons pas encore trop décatis pour renoncer aux plaisirs d'un flirt. Mais c'est une chose pour une femme d'être délicieusement réservée et une autre d'être une simple manipulatrice. Lorsqu'une femme pense qu'elle aurait mieux réussi à exercer toute la force de sa séduction sur un homme en jouant davantage les coquettes, elle se trompe. Les relations se créent et perdurent par la seule chimie des sens et le travail du cœur. Aussi oubliez la tentation de la comédie. Il est vrai qu'il est dans la nature humaine de vouloir ce qu'on ne peut pas avoir, et offrir un défi peut amener un homme à vous courir après. Mais s'il n'y a pas de vraie chimie entre vous, la relation sera de toute façon vouée à l'échec.

De nombreux cadres n'ont pas le temps de jouer à ces jeux de cache-cache et au petit ballet « tu m'aimes/je ne t'aime pas – tu ne m'aimes pas/ je t'aime ». Ils préfèrent quitter le navire lorsque la navigation devient trop compliquée. Une femme qui fait trop de manières et joue sans cesse un rôle ne se donne même pas la chance de réussir auprès d'un type super. Les hommes ne veulent pas courir le risque de se planter en faisant la cour à une femme inaccessible. Rencontrer une partenaire et réussir à entamer une relation avec elle est déjà un défi en soi. Alors n'en rajoutez pas. Inutile de jouer les stars écrasées de sollicitations.

Nous ne suggérons évidemment pas d'abandonner toute prudence lorsque vous faites une nouvelle rencontre et de vous jeter à la tête d'un homme en lui révélant chaque détail de votre vie. Soyez simplement vraie. Un homme vous aimera d'autant plus que vous serez attentionnée et sincère tout en sachant aussi garder au début un minimum de réserve. Les tactiques de manipulations machiavéliques ne vous mèneront nulle part.

Principe n° 4 : Les hommes ont tendance à profiter des femmes qui les laissent faire

Nous sommes au regret de devoir dire que nombre d'hommes, sinon la plupart, ont tendance à profiter des femmes trop soumises et qui croient les retenir en les laissant faire leurs quatre volontés. En agissant de la sorte, elles s'exposent à perdre beaucoup de temps dans des relations sans avenir où il est clair comme de l'eau de roche, sauf sans doute pour elles, que les hommes les mènent en bateau. Un homme heureux dans une relation peut faire traîner la situation indéfiniment. C'est à vous de dire stop, car ce n'est pas lui qui le fera. Même si, dans son for intérieur, il est tout à fait capable de réagir positivement à votre audace et votre amour-propre, si seulement vous aviez le cran d'en faire preuve. Si vous pensez qu'un homme vous mène en bateau, tirez le signal d'alarme. Si vous soupçonnez que vous êtes sur la liste des « filles pas mal jusqu'à ce qu'on trouve mieux », dépêchez-vous de reconquérir votre dignité sacrifiée sur l'autel de la passion et tenez-lui tête. Les hommes ont moins de difficultés que les femmes à faire durer une relation « juste pour le plaisir du moment ». Trop de femmes, par peur de la solitude ou par éducation, pensent qu'il faut tout passer à un homme pour le garder. Nombre d'entre elles, stupéfaites, ont vu ensuite leur partenaire les quitter pour une compagne infiniment moins soumise qu'elle et qui n'hésitera pas à taper du poing sur la table. Alors, de grâce, ne jouez pas les carpettes avec nous. Nous valons mieux que ça !

Cependant, ne vous imaginez pas non plus que nous sommes obsédés par le désir de nous marier. Question, là encore, d'éducation et de configuration sociale. Même si, un jour, cela devient pour nous une priorité, nous n'en sommes pas moins toujours en quête d'aventures. Aussi, si vous sentez que vous n'êtes pas sur la même longueur d'ondes en matière d'engagement sérieux, posez-lui franchement la question, sans pour autant le harceler ! Donnez-lui le temps de tirer au clair ses propres sentiments et donnez aussi du temps à votre couple. S'il n'a pas de réelle intention sérieuse avec vous, il saura user de diplomatie pour atténuer le coup. Dans les pages qui suivent, nous vous indiquerons ce que des affirmations telles que « je ne suis pas prêt à m'engager » veulent réellement dire pour un homme. Nous vous aiderons également à identifier les indices physiques, verbaux et émotionnels qui vous permettront de comprendre que la relation vit ses derniers moments.

Principe n°5 : En matière de sexe les hommes croient à la règle du « deux poids, deux mesures »

Dès qu'il s'agit de sexe, les hommes ne disent pas aux femmes ce qu'ils pensent réellement, de peur d'inciter à l'émeute. Le politiquement correct n'est pas encore entré dans les chambres à coucher. Hélas, il est toujours d'actualité qu'un homme impose à ses compagnes des règles sexuelles souvent bien plus strictes que celles qu'il s'accorde à lui-même. Prenez donc garde à ne pas créer de méprises. Si vous avez envie de faire un bout de chemin avec lui, ne vous jetez pas trop vite dans son lit, de peur de créer un grave malentendu et de le pousser à vous considérer comme une « fille facile »... Dans ce domaine, comme dans bien d'autres, les libertés ne sont toujours pas considérées de la même façon selon que l'on est un homme ou une femme.

La vérité, c'est que si les hommes sont des séducteurs en quête de multiples et rapides conquêtes, ils sont au fond d'eux-mêmes des conservateurs et des idéalistes dès qu'il s'agit de « la femme idéale », celle qu'ils rêvent d'épouser. Ils font de beaux discours en matière d'égalité sexuelle mais, dès qu'il s'agit de leur propre partenaire, se révèlent souvent d'un conservatisme étonnant. S'ils vous fréquentent depuis une semaine et connaissent déjà votre corps dans ses recoins les plus intimes, ils ne se préoccuperont pas de connaître votre esprit. La prudence au début d'une relation permet à une femme d'écarter les types ambivalents, ceux qui ne veulent que du sexe et n'ont aucune intention de s'intéresser réellement à elle.

Mais si vous êtes vous-même une prédatrice sexuelle, les hommes seront à leur tour un gibier. Il faut simplement savoir ce que vous voulez et ne pas pleurer si, dès le lendemain matin, votre bel inconnu disparaît en égarant votre numéro de téléphone.

Principe n° 6 : Tenter d'attiser sa jalousie se retournera contre vous

Les cadres sont des compétiteurs qui détestent perdre – ou même penser qu'ils vont perdre – ce qu'ils possèdent. S'ils sont d'un tempérament jaloux, ils repousseront névrotiquement l'idée qu'il puisse même seulement exister quelqu'un en mesure de vous rendre plus heureuse qu'eux. La simple idée de n'être pas les meilleurs est pour eux une véritable torture mentale.

Alors ne cherchez pas à vous servir de la jalousie comme moyen de leur faire tourner la tête. Un homme préférera laisser tomber une femme plutôt que de souffrir cette sorte de tourment. L'un de nous avait une petite amie qui essayait constamment de le rendre jaloux. Ce comportement le déstabilisait complètement. Il réagit en essayant de rencontrer d'autres femmes pour oublier celle qui le faisait ainsi souffrir. Bref, ce fut un beau fiasco pour l'un comme pour l'autre. Personne n'aime se voir délaissé pour un autre. Si une femme pense qu'elle rencontre des problèmes dans sa relation, elle doit affronter ces questions avec son petit ami plutôt que de jouer à des jeux dangereux.

Les hommes trop possessifs manquent de confiance en eux-mêmes. Et ils sont nombreux. Calmez ses craintes en lui disant combien vous tenez à lui et en le lui manifestant par toutes sortes d'attentions. En revanche, si, sans raisons, il se montre trop tyrannique et jaloux et limite votre liberté *en permanence,* laissez-le tomber.

Principe n° 7 : Les hommes sont naturellement enclins à coucher avec de nombreuses femmes

Beaucoup d'hommes parviennent à rester monogames en satisfaisant leur besoin de variété grâce à la pornographie – cassettes vidéo, clubs de strip-tease. Regarder différentes femmes nues satisfait leur imagination visuelle. Et, bien sûr, n'en déplaise à certaines, tous les hommes se masturbent.

Mais d'autres se révèlent incapables de contenir leurs désirs et ne se contentent pas de fantasmes. Ils sont trop faibles devant la tentation et disperseront leurs faveurs à tout va, à moins que quelque chose ou quelqu'un ne réussisse enfin à mettre un frein à leur inclination naturelle. Ce sera peut-être des valeurs morales ou religieuses ou un vœu de fidélité. Mais, aussi conquis que nous puissions être par les charmes d'une femme délicieuse, nombre d'entre nous continuerons pourtant de tromper leur compagne. La seule chose qui nous arrêtera est la crainte de finir par perdre la femme que nous aimons. Car devant la douleur sentimentale, comme dans pas mal d'autres domaines, nous nous révélons beaucoup moins résistants que les femmes. Une grave déception amoureuse, une douloureuse séparation nous plongera dans des abîmes sans nom. En somme, nous voulons le beurre et l'argent du beurre : garder toujours à nos côtés la femme de notre vie et la tromper chaque fois que l'envie nous en prend sans pourtant la perdre... Autant dire qu'il y a là matière à une infinité de drames et d'embrouilles... Certains hommes courent après le plaisir dès qu'ils le trouvent sans comprendre les risques qu'ils prennent. D'autres, moins hardis, préfèrent ne pas s'exposer aux conséquences mais ils n'en pensent pas moins. Bref, la fidélité n'est pas dans notre programme génétique et les femmes ne doivent pas l'oublier.

Principe n° 8 : Les hommes ont du mal à interpréter le discours des femmes

Observez l'expression de son visage lorsque vous discutez d'un problème concernant votre relation. La peine, l'étonnement et finalement le *soulagement* quand vous en arrivez au fait et que vous déclarez ce que vous voulez vraiment qu'il *fasse*. Aux yeux des femmes, la valeur du discours réside dans le fait même de parler. Mais les hommes sont des gens pratiques pour lesquels la discussion est une perte de temps. Pis encore, un homme perçoit votre désir de discussion comme une contrainte ou l'expression d'un reproche et, dès qu'il le peut, préfère s'esquiver. De là viennent les éternels clichés véhiculés par les hommes lorsqu'ils se retrouvent entre eux : leurs femmes sont d'incorrigibles bavardes qui les soûlent de paroles alors qu'ils rêvent de paix et de silence...

Ils perçoivent des tas de choses sous la surface de votre conversation mais ne savent ni ce qu'elles sont ni où elles se trouvent. Lorsque vous dites : « Parlons de notre relation », il pense « Qu'est-ce qui ne va pas encore ? Que veut-elle que je dise ou que je fasse ? Pourquoi veut-elle toujours me faire changer ? »

Les hommes ont l'habitude de régler des problèmes pratiques et répondent surtout à des questions claires. Ils détestent se compliquer la vie, tout comme ils exècrent qu'on leur reproche sans cesse leur façon d'être. Voilà pourquoi, pour une meilleure communication entre vous, ne l'accablez pas de discours et de remontrances. Si vous avez vraiment quelque chose à lui dire, essayez de le faire avec le moins de circonlocutions possible.

Principe n° 9 : Les hommes préfèrent vivre l'intimité plutôt que d'en parler

Ne croyez pas que les hommes ont peur de l'intimité. Mais ce qu'ils redoutent, c'est de laisser apparaître leur vulnérabilité. Le problème, c'est que nous sommes nuls dès qu'il s'agit de communiquer sur le plan émotionnel. Il nous est difficile de dire « je t'aime », malgré la puissance de nos sentiments envers vous. Pourtant nous savons très bien combien une femme adore entendre des déclarations d'amour. Malheureusement, nous ne savons pas exprimer facilement nos sentiments. Nous croyons qu'il vous suffit de lire en nous par le seul jeu de nos expressions et, surtout, par nos actes. Nous ne sommes pas doués pour les tirades romantiques.

Principe n° 10 : Le chemin vers le cœur d'un homme passe par son ego

Tout homme sera évidemment attiré par une femme qui sait l'entourer de mille et une attentions et se soucie réellement de lui. Les hommes épousent les femmes qui sont loyales et les soutiennent. Ils ont besoin que leurs épouses soient *à leur côté*. Pourquoi s'attacher, à moins d'être masochiste, à une femme qui nous dénigre et critique sans cesse ce que nous sommes ? Désolés, mais notre ego fragile et sourcilleux ne supporterait pas ce traitement à long terme. Nous ne voulons pas dire que les hommes et les femmes ne doivent pas négocier, discuter, crier et hurler de temps à autre. Mais, fondamentalement, un homme a besoin d'une relation harmonieuse. Il a soif de paix chez lui pour renouveler ses forces et repartir vaillamment dans le monde avec un ego en bon état. Et vous dans tout ça, me direz-vous ? Pourquoi parler sans arrêt de *notre* ego et non du vôtre ? Sans doute parce que nous savons qu'il ne s'agit que d'une distribution de rôles dans laquelle vous n'avez pas, contrairement aux apparences, le plus mauvais. Au fond, malgré notre plumage que nous voulons sans cesse toujours plus flamboyant, nous faisons plutôt pâle figure à côté de vous dès qu'il s'agit de sentiments. Aussi, le moindre signe de déconsidération de votre part et nous voilà tout déconfits. Rien ne va plus pour un homme lorsqu'il devine instinctivement que sa compagne n'est pas vraiment à son côté, qu'elle fait *semblant* de l'être pour obtenir quelque chose de lui, que ce soit du sexe, de l'argent ou une bague de fiançailles.

Lorsque nous disons que le chemin vers le cœur d'un homme passe par son ego, cela ne signifie pas pour autant que vous devez user votre salive à le flatter toute la journée. Un homme se sentira vraiment rassuré sur lui-même s'il a le sentiment de rendre une femme heureuse. Pensez à l'expression de son visage lorsqu'il vous apporte des fleurs. Il n'est pas seulement ravi de faire plaisir à la femme qu'il aime, il veut être certain qu'il *peut* et qu'il *sait* vous faire plaisir. Alors, ayez pitié de lui et ne manquez pas de le lui faire savoir lorsque c'est le cas !

Qu'on le veuille ou non, il existe quelques réalités de base concernant les hommes. Et, puisqu'une femme avertie en vaut dix, il nous a semblé utile de les rappeler dans les pages qui suivent. Nous tenterons de dessiner l'anatomie des relations amoureuses, de la première rencontre à la proposition de mariage, en montrant, à chaque niveau de la relation, ce que les hommes veulent, ce qu'ils font et comment ils réagissent. Après quoi, ainsi éclairée, vous pouvez travailler sur des faits et ne pas vous fier à vos seules sensations, surtout quand on connaît les ravages du coup de foudre en matière de discernement ! Une fois que vous connaissez les réalités des désirs et des craintes d'un homme, il est à vous...

3. La première rencontre

C'est sur-le-champ ou jamais qu'un homme ressent une attraction sexuelle. Cette chimie immédiate décidera ou non de l'avenir d'une première rencontre. Lorsqu'il distingue une personne « spéciale » au milieu de la foule, un homme devient instantanément très nerveux et son cœur va battre plus vite. Nous la mettons immédiatement sur un piédestal et l'entourons d'une telle aura de crainte et de désir qu'il nous deviendra peut-être difficile, par la suite, de franchir le pas. Dès que l'étincelle est allumée, notre confiance en nous-mêmes prend du plomb, nous perdons notre mordant, et nous devenons des imbéciles maladroits et timides. Quand enfin nous réussissons à nous propulser à travers la pièce et à nous présenter, là encore, gare aux dérapages. Trop d'esprit ou pas assez risque de tout faire capoter dès la première minute. Mais si, miracle, cette créature de rêve se révèle réceptive, c'est le soulagement total... Ouf ! Elle est humaine, pensons-nous, rassurés. Si nous avons de la chance et que tout se passe encore bien au cours de la demi-heure suivante, c'est le nirvana.

Pourtant, même lorsque cette étincelle existe, les hommes abordent bien moins de femmes qu'ils ne le souhaiteraient. Rappelez-vous le nombre de fois où vous avez senti qu'un type voulait vous parler alors qu'il n'est jamais parvenu à franchir le pas et à se présenter. De l'autre côté du bar, il n'a pas arrêté de vous regarder fixement, il s'est peut-être même insensiblement glissé de votre côté. Et puis... rien. Vous avez peut-être cru que vous vous imaginiez des choses : le contact visuel était accidentel, il regardait le match de foot sur l'écran au-dessus de votre tête ou, pis, la blonde assise à côté de vous. Ne dites pas de bêtises. Il mourait d'envie de vous rencontrer. Il n'en a simplement pas trouvé le courage.

L'homme sait que c'est à lui d'entreprendre la démarche des présentations et non l'inverse. Nous avons été élevés depuis notre plus jeune âge à nous comporter agressivement dans la vie. Nous sommes supposés être forts, avoir confiance en nous-mêmes, être capables de contrôler notre propre destinée. Aussi, quand nous pensons à toutes les femmes que nous n'avons pas réussi à aborder, nous pourrions nous gifler. Ces belles inconnues que nous avons entrevues à des réunions d'affaires, dans des grands magasins, au club de sport, dans des bars, dans la rue ou le métro, continueront longtemps de nous hanter. Le fait est que, lorsque nous comparons le nombre de femmes que nous avons rêvé d'approcher à celui que nous avons *réellement* rencontré, le résultat est étonnamment bas, environ une femme sur vingt, voire même une sur quarante, ce qui peut vous surprendre. En tant que femme, vous vous dites peut-être : Bon sang ! Qu'est-ce qui les intimide tant ? Pensent-ils que nous mordons ? Réponse ci-dessous...

Comment un homme se décide enfin à aborder une femme : la balance imaginaire

Ce bel inconnu qui n'arrête pas de vous fixer depuis déjà un long moment et que vous ne détesteriez pas voir s'approcher gentiment de vous est en fait en train de vivre un véritable maelström intérieur. Pesant inlassablement le pour et le contre, il se livre à une bataille d'arguments contradictoires. Imaginez ce douloureux dialogue intérieur tandis que les plateaux « vas-y/n'y va pas » d'une balance imaginaire se livrent un duel sans merci. Si j'y vais, elle va me repousser et je serai ridiculisé. Est-ce que c'est une alliance qu'elle porte au doigt ? Oui mais... personne n'est assis à côté d'elle. Au fond, elle a l'air d'être seule... Pas de doute, elle me regarde. Cette bague, c'est peut-être juste une fantaisie. Bon... j'y vais ou je n'y vais pas ?

Ce qui retient un homme : les poids négatifs

La crainte du rejet pèse si lourdement que, dès le début, le fléau penche en faveur de ne pas risquer de se présenter. Vous ne pouvez savoir le nombre de fois où nous avons pensé : mieux vaut ne pas s'y risquer. Un homme *déteste* être rejeté par une femme. Et, par nature, les hommes se sentent en danger. Aussi riche, célèbre, beau ou brillant qu'il soit, un homme va toujours commencer par se demander si vous avez un petit ami. Après quoi, les doutes pleuvent. Va-t-elle m'envoyer promener ? Est-ce qu'elle déteste les hommes ? Est-elle mal lunée ?

Les hommes ressentent également le besoin d'impressionner une femme, ce qui les angoisse. Nous aimerions tellement avoir assez d'imagination pour dire des choses qui nous distinguent des centaines d'autres types essayant d'atteindre le même objectif. De plus, même convaincus que nous n'allons pas dire une imbécillité, nous ne sommes pas sûrs que ce que nous allons dire sera bien compris.

Dans le film *About last night,* Rob Lowe et Demi Moore se jaugent l'un l'autre de chaque côté d'un comptoir de bar. Après avoir joué au chat et à la souris, à s'observer et à détourner le regard, il finit par trouver le courage d'aller parler à cette belle brune et commence par une phrase des plus brillantes du genre : « Je ne pouvais pas m'empêcher de remarquer que vous m'aviez remarqué. » À quoi Demi réplique qu'elle ne le regardait pas *lui* mais la pendule au-dessus de sa tête. C'est là le pire cauchemar de tout homme.

Les tentatives ratées d'aborder une femme peuvent avoir un effet dévastateur. À la longue, le malchanceux perdra confiance en lui-même ce qui, à chaque essai, rendra les choses plus difficiles.

Consciente ou non, la peur du rejet est toujours là. Pour finir, il renoncera la plupart du temps à faire le premier pas.

Certaines situations n'arrangent rien et, souvent, le timing d'une rencontre fortuite laisse peu d'espoir de réussir à aborder une femme. Est-elle dans un ascenseur, sur le quai du métro, seule à la table d'un café ? Pas assez de temps pour jouer mon meilleur coup, pense-t-on avec angoisse. À quoi bon prendre le risque d'entamer une conversation qui pourrait se terminer quelques secondes plus tard lorsque l'ascenseur ou le métro s'arrête, venant interrompre lamentablement nos efforts. Le lieu de la rencontre est également inhibant, surtout lorsqu'il y a foule tout autour. Les femmes ont une crainte légitime des inconnus, en particulier dans les grandes villes, ce qui est tout à fait justifié mais n'arrange rien ! Bref, pour tout dire, le premier pas, pour nous, n'est pas une sinécure...

Celles qui sortent le soir en groupe

Une grosse brique fait pencher le plateau négatif de la balance lorsqu'un homme repère une jolie femme qui, hélas, est entourée comme d'un infranchissable rempart d'une armée de copines. Que ce soit une sortie entre célibataires, un anniversaire, une réunion de collègues de bureau ou d'amies d'enfance, les filles en groupe intimident terriblement la pauvre et timide créature que nous sommes. Naturellement, il n'est pas question de vous reprocher de sortir entre filles, simplement, quand vous êtes avec Marie, Sylvie, Chantal ou Christine, par pitié, n'en profitez pas pour nous toiser avec cette assurance que vous perdez dès que vous vous retrouvez seule... D'abord, ça n'est pas gentil pour le pauvre solitaire qui vous lance des regards désespérés de son tabouret de bar, à dix pas de là, ensuite parce que c'est se priver d'une possible chance de rencontrer un type bien (si, si). Pendant que nous discutions de la rédaction de ce livre, nous sommes tous les trois sortis dîner un soir dans un restaurant italien familial de l'Upper East Side de Manhattan. Par un de ces hasards qui, en principe, sont censés arranger bien des choses, on nous fit asseoir à côté de six belles femmes qui fêtaient un anniversaire. Elles buvaient du vin, racontaient des histoires et riaient à perdre haleine. Apparemment, la dernière chose qu'elles avaient à l'esprit était de rencontrer des garçons.

Nous y pensâmes pourtant en envisageant de leur faire porter une bouteille de vin. Pour tout dire, d'ailleurs, en les regardant nous pensâmes à beaucoup de choses. Lorsque le garçon vint nous demander ce que nous voulions, nous avions tous trois envie de répondre « elles ». Mais tout ce que nous réussîmes à dire c'est « hum ». Finalement, trop intimidés pour agir, nous ne pûmes que fixer toutes ces beautés en oubliant même de manger et, la mort dans l'âme, les regarder tranquillement payer l'addition et partir sans nous accorder un seul regard.

Chris a voulu récemment aborder une femme qui sortait en groupe. Un soir, dans une boîte de nuit très chic, il assista à une réception d'une agence de mannequins. Toute une théorie de ravissantes créatures peuplait la piste et les salons. Chris réussit à accrocher le regard d'une jolie rousse qu'il aurait aimé approcher. Il la regarda danser en compagnie de cinq autres femmes et repousser les avances de trois hommes qui avaient osé l'aborder. Mais la fille était vraiment superbe et, oubliant toute prudence, il se décida à affronter seul ces cerbères en minijupes qui, manifestement, lui servaient de gardes du corps. Peine perdue. Quand il l'aborda, l'inévitable eut lieu. Elle se montra polie mais nullement réceptive. Gentiment mais fraîchement, elle lui fit savoir qu'elle participait à la soirée d'anniversaire d'une amie et n'avait aucune intention de s'empêtrer d'une compagnie masculine. Chris, la queue basse, passa le reste de la soirée à se traiter de nul...

La vérité, c'est qu'il est difficile de rencontrer une femme lorsqu'elle sort avec ses amies, une habitude qui se répand de plus en plus. Sachant cela, la plupart des hommes n'essayent même pas. Nous sentons que c'est une situation où nous avons tout à perdre.

Comment faire la connaissance d'un homme lorsque vous sortez avec vos copines

Si, par chance pour nous, vous daignez nous accorder un peu plus qu'un regard un soir où vous sortez entre filles, soyez assez bonne pour vous éloigner du groupe pendant un moment, sans quoi nous n'oserons jamais vous affronter au milieu de vos copines. Nous n'aurions pas le dessus... De grâce, n'ayez pas l'air collée à vos amies tout en nous dardant des œillades à faire damner un saint. Au lieu de cela, allez chercher un verre au bar ou restez seule près de la piste de danse, histoire de nous permettre enfin de nous approcher de vous. Utilisez à votre avantage l'impression de sécurité et d'énergie que vous donne le fait d'être avec vos copines.

Demander l'aide d'une amie pour rencontrer un type qui vous intéresse peut aussi très bien marcher. Après tout, quand deux copains sortent ensemble, ils se servent de cette stratégie pour briser la glace avec les femmes. Du moment que vous ne vous déplacez pas en horde, il y a encore une chance d'établir le contact...

L'amie chien-loup qui tient les hommes en échec

Une autre version catastrophe du même acabit est de tomber sur une fille accompagnée d'une copine qui joue les escortes musclées. L'homme va faire de son mieux pour essayer d'inclure ladite copine dans la conversation afin de s'en faire une alliée – tout en souhaitant intérieurement du fond du cœur qu'elle soit prise brusquement d'une violente migraine et annonce à la ronde qu'elle part se coucher sans plus tarder. Hélas, il arrive que cela ne se passe pas du tout aussi facilement. S'il ne parvient pas à gagner votre amie à sa cause et si, de votre côté, vous ne faites rien pour l'introduire dans le cercle, elle prendra ombrage de votre petit jeu de séduction et commencera à vous mettre des bâtons dans les roues. Un homme préfère abandonner plutôt que de livrer bataille à une amie désagréable. Avoir à vos côtés une amie jalouse ou, au contraire, surprotectrice lorsque vous essayez de rencontrer l'homme de vos rêves est comme de chercher à courir un marathon avec des poids de deux kilos aux chevilles. Qu'on se le dise !

Au cours d'un voyage d'affaires à Nashville, Tennessee, Chris se rendit dans une boîte de nuit avec quelques collègues après une réunion de travail harassante qui les avait occupés toute la journée. Il remarqua une jolie femme et souhaita aussitôt l'aborder même si, puisqu'il prenait l'avion le lendemain, il savait fort bien que rien de sérieux ne pouvait advenir ce soir-là. Comme il était en train de rédiger ce livre, il pensa que le moment était bien choisi pour vérifier par lui-même le bien-fondé des constatations énoncées plus haut. Évidemment, rien ne fut différent.

Il aborda la femme et commença à lui parler. C'était une brune plutôt amicale et, ce qui ne gâtait rien, dotée d'un sourire agréable et d'un charmant accent du sud. La conversation se poursuivit paisiblement quelques minutes jusqu'à ce que, sortie de nulle part, une seconde femme surgit comme un météore et, sans même s'excuser, entraîna la brune plus loin pour bavarder en privé. Lorsque, enfin, la brune revint, elle s'excusa auprès de Chris de cette interruption mais le charme était rompu.

Brad se retrouva récemment dans une situation similaire dans une boîte du centre de Manhattan. Il aborda une femme qu'il trouvait séduisante, se présenta et, comme elle semblait intéressée, l'invita à s'asseoir près de lui. Malheureusement, elle sortait accompagnée d'une amie qui, presque instantanément, se raidit et afficha une mine particulièrement rébarbative malgré les efforts polis de Brad pour l'inclure dans la conversation. Il n'obtint de sa part que des réponses brèves et dédaigneuses.

La nuit avançant, Brad invita la femme qu'il avait envie de draguer à danser, pensant que ce serait l'occasion de l'éloigner enfin de son amie hostile. Las ! Comme ils se levaient pour gagner la piste de danse, l'amie pot de colle suivit sans vergogne... Ils n'avaient pas dansé depuis deux minutes qu'elle se plaignit qu'il y avait trop de monde et clama haut et fort qu'elle était fatiguée et voulait rentrer. Pour finir, les deux femmes se querellèrent et partirent, laissant derrière elles un Brad furieux et dépité.

Cette femme avait laissé son amie gâcher une occasion de faire la connaissance d'un homme qui semblait l'intéresser. Si elle avait fait preuve d'un peu plus de cran vis-à-vis de sa copine en lui faisant gentiment comprendre qu'elle était de trop ou si cette dernière avait su d'elle-même se montrer plus discrète, Brad aurait eu sa chance. Ils auraient au moins eu le temps d'échanger leurs numéros de téléphone et de prendre rendez-vous pour un autre soir. Nous comprenons l'importance d'être loyal envers ses amis. Mais nous conseillons aux femmes qui ont vraiment envie de faire des rencontres de ne pas s'embarrasser de copines aussi envahissantes.

Bref, en toutes circonstances, les femmes doivent donner aux hommes un signe d'encouragement lorsque les probabilités de rejet sont élevées. Alors, aidez-les ! Lorsque vous êtes avec une bande d'amis, éloignez-vous de temps à autre pour laisser à un homme une chance de vous aborder. Sinon, si votre copine a une attitude hostile parce qu'un type s'intéresse à vous et pas à elle, vous risquez fort de rentrer chez vous toujours aussi seule et, de surcroît, de fort mauvaise humeur. Essayez tout bonnement d'éviter ce genre de scénario en décidant au préalable avec elle si vous sortez pour rester ensemble ou si vous êtes prêtes à rencontrer des hommes.

Si, malgré cela, elle vous colle aux basques alors qu'un homme veut se retrouver seul avec vous, éloignez-vous brièvement avec lui pour lui faire part de la situation. Dites-lui que vous ne pouvez pas abandonner votre amie mais que vous aimeriez le revoir.

Les timides nous intimident, les survoltées nous épouvantent...

Vous l'avez compris, les hommes ont besoin d'être encouragés par les femmes au cours de la première rencontre. Pourtant, certaines en font trop et se comportent de manière trop directe. Elles pensent sans doute qu'en sautant l'étape des formules protocolaires, elles séduiront d'autant mieux. *Erreur !* Un homme ne manquera sûrement pas de saisir l'occasion d'un « coup facile », mais prenez garde : rien n'est plus tenace qu'une première impression. Si vous essayez de tomber un homme en vue d'une relation à long terme, c'est le meilleur moyen de faire de lui un cynique mais certainement pas le compagnon de votre vie. Nous ne disons pas que vous devez jouer les pimbêches et les bas-bleus mais n'en rajoutez pas en jouant les femmes un peu trop libérées. Tout ce que vous risquez de gagner c'est qu'il plaisante à votre sujet le lendemain avec ses copains ou ses collègues de bureau. D'accord, c'est fondamentalement injuste mais c'est ainsi...

Et, maintenant, si nous parlions alcool ? Oh, pas question de jouer les moralistes mais il faut bien reconnaître qu'une femme franchement trop éméchée a toutes les chances de faire le vide autour d'elle, même si, plus ou moins involontairement, elle deviendra pour quelques heures le boute-en-train de la soirée. Certaines femmes (tout comme les hommes, d'ailleurs) semblent croire que boire à l'excès les aide à s'amuser, à se libérer de leurs inhibitions et à vivre plus pleinement le moment présent. Mais personne n'aime les ivrognes ! Les hommes veulent une partenaire dont ils soient fiers, pas quelqu'un qui les mette dans l'embarras. Si vous vous comportez comme une pile électrique, il est certain que vous aurez rapidement tout un cercle d'hommes autour de vous, mais sûrement pas pour s'intéresser à votre conversation ni, *a fortiori*, pour établir une relation sérieuse avec vous.

Nous connaissons de nombreux exemples, pour les avoir vécus nous-mêmes ou parce qu'ils nous ont été racontés par nos amis, qui témoignent de ce genre de situation. Un de nos amis rencontra dans un bar, un soir de Noël, une fille qui, dès le début, sembla manquer totalement de discernement. Elle était plutôt éméchée et lui aussi, ce qui ne les empêcha pas d'être immédiatement très attirés sexuellement l'un par l'autre. Quelques heures plus tard, il la ramena chez lui et ils passèrent la nuit ensemble.

Le temps passant, elle s'attacha à lui, alors que, de son côté, ses sentiments prenaient une direction opposée. Elle aimait sortir et boire plus que de raison et, au fil du temps, devint plutôt encombrante dans la vie de cet homme. Lorsqu'il la quitta, elle ne comprit pas ce qui était arrivé et s'en trouva profondément blessée.

Si nous adorons les femmes qui savent s'amuser, nous préférons cependant celles qui connaissent leurs limites et savent s'arrêter à temps. Il n'y a rien de plus embarrassant pour nous que d'avoir à notre bras une petite amie fantasque et déjantée, et de ne jamais savoir quel tour elle va jouer. Alors, suivez nos sages conseils : ne buvez pas à l'excès et, même au plus fort d'une joyeuse soirée, ne perdez pas tout contrôle de vous-même. Et ne vous lancez pas non plus dans des conversations sexuelles, même en croyant amuser la galerie. Tout ce que vous risquez d'obtenir, c'est le mépris ou la méfiance de votre partenaire...

Comment faire pencher la balance en votre faveur

Le genre « femme hystérique » est évidemment une exception et non la règle parmi les femmes. La plupart des femmes pèchent par passivité plus que par agressivité. Elles se montrent souvent timides lors de la première rencontre ou, tout au moins, en ont l'air ! Après nos longues digressions sur la crainte du rejet qui obsède tous les hommes, vous devez finir par croire que, lorsqu'ils se décident enfin à aborder une femme, cela tient du véritable miracle. Mais, fort heureusement, le désir amoureux d'un homme est si fort qu'il peut le propulser vers une inconnue même si les chances sont contre lui. Ce qui ne dispense pas les femmes de leur donner un coup de main. À vous de faire pencher la balance en votre faveur.

Certaines, plus agressives de nature, n'ont aucune difficulté à aborder un homme. D'autres peuvent craindre qu'un comportement trop direct ne laisse à penser qu'elles sont en manque ou ne les expose, tout comme les hommes, à une humiliation. Mais la vérité c'est que les hommes adorent voir les femmes faire preuve d'initiative, du moment qu'elles ont assez de discernement et de sensibilité pour garder la juste mesure. Cela montre que vous avez confiance en vous-même, que vous êtes à l'aise et capable d'obtenir ce que vous voulez. Nous avons besoin d'un petit signal pour savoir si nous avons des chances d'obtenir une réponse positive à nos avances.

Commencez de manière subtile en croisant le regard de l'homme qui vous attire et, si vous vous sentez en verve, n'hésitez pas à manier l'arme de l'humour. Tout comme vous, nous adorons cela.

Le jeu du regard

Un regard de femme est toujours pour un homme le véritable départ d'une histoire d'amour. Laissez-nous vous en donner un exemple. Un soir, Chris était en train de prendre un verre dans un bar à la mode du quartier de Soho à Manhattan. La musique hurlait, l'endroit était rempli à craquer d'une faune sortie tout droit d'un clip de Madonna. Une lourde fumée de cigarettes envahissait la salle comme un nuage de pluie rôdant dans le ciel. Chris remarqua une jolie femme assise sur une banquette contre le mur opposé. Son système d'évaluation mentale se mit immédiatement en marche ; la balance pencha d'abord du côté négatif : la fille était belle et apparemment en compagnie... la configuration parfaite pour se faire rabrouer à la moindre tentative d'approche. De plus, Chris observa qu'elle était entourée d'amies et assise à un endroit difficilement accessible. Elle semblait également très prise par la conversation. Au moment où il se décidait à ne plus penser à elle, il vit avec surprise qu'elle aussi l'avait remarqué. Elle lui jeta un bref coup d'œil, tira sur sa cigarette et lui sourit avec la décontraction d'un disc-jockey qui change le disque sur la platine. Aux yeux d'un observateur extérieur, le coup d'œil et le sourire auraient paru sans conséquence, non existants. Pourtant, entre Chris et cette mystérieuse beauté assise sur la banquette, il s'agissait d'un vrai signal.

Un signal qui suffit à faire pencher la balance du bon côté. Chris se dit qu'il aurait peut-être ses chances avec cette femme qu'il fixait du regard depuis dix minutes. Il l'aborda et ils se plurent immédiatement. Il ne pensa pas qu'elle se comportait mal pour lui avoir souri ni qu'elle était trop agressive. Il fut extrêmement impressionné par sa capacité à être directe et à faire comprendre ce qu'elle voulait. C'était une femme des années quatre-vingt-dix, sûre d'elle-même et libérée. Elle avait parfaitement compris la puissance du contact visuel.

Au-delà du langage corporel : briser la glace avec des mots

Un sourire, un coup d'œil, et tout autre langage du corps qui manifeste que vous sentez sa présence dans la pièce font merveille sur un homme pour l'attirer dans votre direction. De la même manière, vous pouvez vous diriger vers lui et l'aborder carrément par un simple salut. *Des paroles compliquées ne sont pas nécessaires.* À cet instant précis, l'homme que vous cherchez à approcher se fiche pas mal de ce que vous dites, n'en déplaise à votre ego !

En un millième de seconde, il enregistrera la ligne de votre silhouette, la finesse de vos jambes, le brillant de vos cheveux, la lumière de votre regard. Ce qui ne signifiera pas pour autant qu'il saura briser la glace. Si vous nous voyez figés dans la contemplation béate de vos charmes, volez à notre aide et trouvez quelque chose à dire de tout simple :

« Salut... »

« Terrible, ce monde, vous ne trouvez pas ? »

« Je n'ai jamais vu une cravate aussi chouette que la vôtre. C'est votre femme qui l'a choisie ? »

« Bon sang, la musique est si forte qu'on ne s'entend pas penser. Remarquez, ce n'est pas grave, je ne viens pas ici pour penser... » Etc.

Naturellement, vous pouvez aussi risquer l'incontournable et très éculé : « Vous venez souvent ici ? » (variante : « Vous connaissez beaucoup de monde ? ») Mais peut-être vaudrait-il mieux lui laisser ce genre de repartie banale. Ne lui volez pas la vedette en faisant trop d'esprit. Il risque de se ratatiner dans ses chaussures et d'avaler de travers en vous dévorant des yeux. S'il se sent en infériorité, il peut prendre la poudre d'escampette. Toujours cette fichue fragilité masculine...

Peut-être craignez-vous qu'il se méprenne sur cette approche trop directe et vous catalogue d'emblée parmi les femmes peu farouches. Pourtant, vous vous trompez. Un peu d'humour a toujours mis de l'huile dans les rouages d'une première rencontre. Surtout si vous savez garder la mesure et ne pas l'écraser par des répliques trop étincelantes.

Croyez-nous, les hommes ne trouvent pas agressives les femmes qui prennent l'initiative. La seule manière pour une femme de donner mauvaise impression est de faire des allusions sexuelles directes et de se comporter comme un trois-quarts centre ayant abusé de la bière. Si vous abordez un type en lançant : « Eh, quelles belles fesses ! » alors, oui, vous pouvez être sûre qu'il va penser : « Je vais baiser ce soir. » Mais nous sommes certains que ce n'est pas du tout votre genre...

Nous comprenons que des tabous profondément ancrés empêchent une femme d'aborder un homme. Aucun homme digne de ce nom ne se sentira offensé parce que vous manifesterez au début quelque réserve. Mieux même, il vous admirera si vous savez surmonter vos craintes pour l'aborder simplement. Si c'est un homme intelligent et sensible, il sera extrêmement réceptif à votre égard. Alors détendez-vous et soyez vous-même. S'il existe quelque alchimie entre vous deux, ou même s'il n'y en a pas, aucun homme ne vous mettra mal à l'aise ni ne vous fera regretter d'avoir fait le premier pas. S'il le fait, alors qu'importe, il n'est de toute façon pas celui que vous recherchez. Qu'avez-vous à perdre ? Au moins, vous aurez donné le meilleur de vous-même et vous saurez à quoi vous en tenir. Il n'y a pas pire que de se reprocher, le lendemain, de n'avoir pas eu le cran de manifester son désir.

Lorsqu'un homme aborde une femme

De la même manière, si un homme vous aborde ou fait le premier pas, montrez-vous compréhensive avec lui. Comprenez qu'il a triomphé de sa crainte d'être rejeté et que le simple fait de s'approcher de vous pour vous parler est en soi un effort. Mettez-vous à sa place, pensez à tout le poids sur le côté négatif de la balance qu'il a décidé d'ignorer, et considérez combien il lui a été difficile de surmonter ses complexes et d'aller entreprendre une parfaite inconnue. Souvenez-vous : *peu importe si un type est sûr de lui, superbement beau ou s'il réussit dans la vie, la crainte d'être rejeté l'emporte sur tout.* Ses conquêtes passées ne lui sont d'aucun secours tant qu'il ignore encore ce que *vous* allez dire, faire ou penser.

Les femmes devraient savoir à quel point les hommes ont du mal à se décider sur la première phrase qu'ils vont prononcer. Ce que nous redoutons le plus, c'est d'avoir l'air trop prétentieux ou sûrs de nous, de sortir les vieux clichés ou de passer pour des balourds. Toute la difficulté est de parvenir à trouver les mots qui sauront attirer votre attention. Mais tout le monde n'est pas un génie du verbe et, la plupart du temps, malgré nos louables efforts, la première phrase que nous prononcerons sera généralement vide de sens...

Aussi, s'il s'emmêle un peu dans ses avances, gardez à l'esprit qu'il est sur des charbons ardents et essayez de ne pas vous montrer trop abrupte ou ironique. Un homme s'attend généralement à être rejeté de toute façon, et le moindre signe de désintérêt, tel qu'une réponse courte et dégagée, lui suffit pour comprendre de quoi il retourne. Si vous êtes brutale, cela le blessera et le découragera d'aborder d'autres femmes à l'avenir. Vous ne voudriez tout de même pas que l'homme de vos rêves passe un jour sans vous voir simplement parce qu'il a été grossièrement repoussé par une autre femme ?

Essayez d'être courtoise. Souvenez-vous que la plupart des hommes ne sont pas des grands méchants loups et qu'ils vous abordent non pour vous faire du mal mais parce qu'ils souhaitent faire votre connaissance. Ne leur tournez pas le dos, ne leur riez pas au nez. Si, à une soirée, l'un d'eux se fait trop insistant, contentez-vous de dire gentiment : « Merci beaucoup, mais nous partons bientôt. » Ou encore : « J'aurais bien aimé rester mais mon mari m'attend dehors dans la voiture... » Bref, inventez un prétexte et sauvez-vous sans faire de drame.

Poursuivre la conversation : exemples de scénarios

La première conversation n'est généralement rien de plus qu'une recherche d'informations. Nous sommes tous passés par les incontournables : « Qu'est-ce que vous faites dans la vie ? » « Où avez-vous fait vos études ? » « Vous êtes de la région ? » et autres généralités d'usage. Mais ce bavardage a son utilité en dépit de son air idiot. C'est un échange d'informations vitales entre deux étrangers. Pourtant, nombre de femmes le vivent mal et se montrent impatientes. Elles coupent cette conversation trop tôt et ne laissent pas à l'homme l'occasion de se faire connaître et de révéler ses qualités.

Une de nos amies nous raconta comment elle avait rencontré un type apparemment intéressant dans un bar fréquenté par des gens qui tentent de décompresser après le travail. Ils entamèrent une conversation sympa jusqu'à ce qu'il lui demande soudain : « Vous aimez faire du jogging ? » Mal lui en pris car la jeune femme, agacée, mit fin aussitôt à l'entretien. « Pourquoi ne lui as-tu pas laissé une chance ? lui avons-nous demandé. Il ne te plaisait pas ? » « Au début, si, répondit-elle, mais je n'ai pas apprécié cette question ringarde. Ça a tout gâché. » Nous lui avons alors expliqué que le malheureux essayait sans doute de trouver quelque chose à dire de peur d'affronter un silence dont il n'aurait pas su se dépêtrer. Il ne faisait que bavarder. Si un type vous intéresse, n'attendez pas toujours que tout vienne de lui et mettez-y aussi du vôtre pour ces premiers moments difficiles de la conversation.

Un homme fait souvent des compliments aux femmes pour voir si elles vont réagir. C'est une manière d'ouvrir la porte – ou de la refermer. S'il complimente l'une d'elles et qu'elle sourit gentiment, il reprend courage. Si, au contraire, elle fronce les sourcils ou répond sèchement, il sait que la partie sera rude. Il peut décider de s'effacer immédiatement ou bien combattre bravement. Mais sans oublier que les femmes s'intéressent moins que les hommes aux apparences physiques et davantage à la conversation. En somme, elles jugent les hommes sur ce qu'ils disent.

Si un homme vous intéresse, soyez réceptive à ses compliments et ne craignez pas, le cas échéant, de lui faire des compliments en retour. Répondez à ses questions avec intérêt et énergie. Soutenez la conversation en lui posant une ou deux questions. Et n'oubliez pas ces subtils signaux du corps qui parleront encore mieux que vous. Tournez-vous vers lui. Lorsque vous vous adressez à lui, effleurez sa main ou son bras. N'hésitez pas à croiser son regard.

Rich et Maria (sa compagne aujourd'hui) s'étaient brièvement rencontrés, grâce à des amis communs, dans un bar plusieurs années avant de se retrouver à une autre soirée. Ils s'étaient à peine vus mais se reconnurent instantanément. Les premiers mots que Rich adressa à Maria furent : « Vous avez l'air superbe ! » À quoi Maria répondit : « Merci... ça doit être mon bronzage. Je reviens de vacances. » Un bel exemple de banalités qui, pourtant, ouvrit un vaste horizon de sujets de conversation. Et lorsque Maria ajouta : « Vous aussi, vous avez l'air en pleine forme », Rich comprit que cette femme était intéressée et se sentit en confiance. Ils parlèrent toute la nuit. Maria rit aux plaisanteries de Rich et l'aida à se sentir bien avec elle. Lorsqu'une amie de la jeune femme s'approcha d'eux, elle la présenta à Rich et ils la regardèrent tous deux d'un air qui signifiait : « Nous te trouvons vraiment sympa, mais pourrais-tu nous laisser seuls un moment ? » Il ne fallut pas longtemps à Rich pour comprendre que Maria n'avait pas de petit ami et serait disposée à sortir avec lui. Cette rencontre mena à une relation sérieuse et profonde.

Obtenir son numéro de téléphone

Si un homme a eu avec vous une conversation intéressante et souhaite vous revoir, il lui faudra rassembler son courage pour vous demander votre numéro de téléphone. Encore une fois, ce n'est pas facile. Même si la conversation s'est déroulée au mieux et que l'alchimie semble fonctionner entre vous, il se sentira embarrassé d'avoir à franchir ce pas.

D'abord, au risque de vous étonner, nous ne voulons pas avoir l'air de vous manquer de respect. Deuxièmement, nous avons peur que vous refusiez. Des occasions perdues pourraient être sauvées si les hommes et les femmes se comprenaient mieux. Si vous êtes réellement intéressée par un homme, donnez-lui quelques indices clairs qui lui feront comprendre que vous souhaiteriez le revoir. N'hésitez pas à vous montrer explicite : « Je suis contente que nous nous soyons rencontrés. Nous devrions aller voir ensemble ce(tte)... film/concert/exposition (cochez la mention correspondante) dont vous m'avez parlé. » S'il ne vous demande pas votre numéro après une ou deux allusions de ce genre, oubliez-le. Vous ne l'intéressez pas (hypothèse douloureuse mais, hélas, plausible), ou bien il n'a pas assez confiance en lui-même. Si c'est le contraire qui se produit et que c'est *vous* qui n'êtes pas intéressée, il vaut mieux éluder que de donner un faux numéro. Ce genre de stratagème est toujours une expérience affreusement humiliante pour nous...

Bien sûr, nombre de femmes ne donnent pas leur numéro de téléphone la première fois, et tout homme un tant soit peu normal comprendra parfaitement cette prudence. Le problème, c'est que, si vous lui demandez *son* numéro, il y a de grandes chances pour qu'il soit convaincu que vous ne l'appellerez jamais. Alors, si vous êtes vraiment mordue et comptez bien ne pas en rester là, rassurez-le en décidant avec lui d'un jour et d'une heure pour appeler. Il se dira que vous ne vous êtes pas seulement montrée polie et trouvera le courage de poursuivre avec vous.

Cette première rencontre entre un homme et une femme devrait être un rapport de forces équilibré et non une partie de punching-ball. Pourquoi ne pas instaurer d'emblée un climat d'harmonie dans votre relation ? Pas besoin de jouer les dédaigneuses ou les survoltées pour le stimuler.

Bref, n'attendez pas tout de nous ! Ne restez pas repliée dans votre coquille et osez manifester vos désirs. Envoyez des signaux physiques et verbaux aux hommes qui vous attirent. S'ils n'ont pas le même désir ou s'ils ne sont pas ceux que vous espérez, vous le saurez tout de suite. Nous savons qu'on apprend aux femmes à se défier des hommes, mais il ne faut pas se défier de *tous* les hommes. Lorsqu'une femme n'encourage pas suffisamment son partenaire – alors même qu'elle est intéressée –, il doute de lui et n'insiste pas.

4. Le premier coup de téléphone

Après cette première et mémorable rencontre avec celui qui deviendra peut-être l'homme de votre vie, vous risquez de redescendre brutalement de votre nuage dès le lendemain matin. Si cela peut vous consoler, il en sera vraisemblablement de même pour lui. Bref, tant que vous ne vous serez pas téléphoné, vous serez, l'un et l'autre, rongés par toutes sortes de doutes affreux...

Mais il y a aussi les optimistes inconditionnelles qui refusent de quitter le cocon douillet du rêve et commencent dès le lendemain à échafauder des projets d'avenir alors même qu'elles ne connaissent encore rien de l'heureux élu. Les yeux noyés, vous les verrez picorer distraitement dans leur assiette à la cantine le lendemain et répondre par monosyllabes à vos questions. Elles s'imaginent déjà au prochain rendez-vous, se demandent quelle robe elles mettront, dans quel restaurant il les emmènera... De manière générale, les hommes ne pensent pas ainsi et manquent totalement de cette sorte d'imagination. À ce stade de la rencontre, ils ne perdent pas de temps à penser aux lendemains qui chantent et se concentrent plutôt sur l'instant le plus proche. Après avoir obtenu le numéro de téléphone d'une femme, la seule question qu'ils se poseront sera : « Si je l'appelle, est-ce que je risque de me casser le nez ou non ? » Encore une fois, tout homme redoute d'être mal accueilli. Comme lorsqu'il aborde une femme pour la première fois, il a besoin de peser le pour et le contre pour s'épargner d'inutiles humiliations. Même si la première rencontre s'est bien passée, il se sent toujours gêné d'avoir à appeler la première fois. Car, ce faisant, il abat son jeu et met la tête sur le billot. Au moment où il envisage de prendre le téléphone, des pensées négatives traversent de nouveau son esprit. « Va-t-elle se souvenir de moi ? Peut-être qu'elle filtre les appels et ne répondra pas au son de ma voix... À moins qu'elle ne m'ait pas dit qu'elle vivait avec quelqu'un et que je tombe sur lui ? Peut-être a-t-elle réfléchi et décidé de ne pas aller plus loin. Si je tombe sur son répondeur, dois-je laisser un message ? »

Si, malgré tout, il s'enhardit à l'appeler, il va lui falloir encore franchir un autre obstacle : réussir à faire bonne impression, ce qui n'est pas évident. Au cours de la première rencontre, il pouvait suivre un protocole d'approche tout tracé, au téléphone, cela devient une autre histoire... Si, dans son travail, un homme a l'habitude de s'exprimer sans problème au téléphone, dans des situations pourtant souvent stressantes, il n'est pas aussi bien armé pour relever ce type de défi. S'il revient d'une dure journée de travail et qu'il se sent mentalement épuisé, il peut très bien se débiner et ne pas appeler de peur de faire un flop et de se sentir ridicule.

Sans compter qu'il peut tomber sur une femme encore plus méfiante que lui, ou qui s'est payé sa tête en lui donnant un numéro qui n'est pas le sien. S'il appelle et découvre le pot aux roses, *aïe !* Nous avons fait tous trois cette expérience et, comme vous pouvez l'imaginer, nous avons fort peu apprécié. Après avoir rencontré des femmes avec lesquelles la conversation était super, échangé nos numéros et même évoqué de possibles futures soirées, nous nous sommes décidés à les appeler. Malheureusement, tout ce que nous réussîmes à obtenir, c'était un répondeur branché jour et nuit. Ou bien, scénario encore plus désagréable, un faux numéro... Imaginez notre tête quand, à défaut d'entendre sa voix de sirène au bout du fil, nous sommes tombés sur une salle de cinéma ou un cordonnier...

Après avoir affronté ces pathétiques situations, les hommes en viennent à considérer qu'il vaut mieux s'épargner d'inutiles souffrances...

Aussi curieux que cela paraisse, la peur d'être repoussé peut réellement empêcher un homme de composer votre numéro. Ce premier coup de téléphone n'est vraiment pas facile à passer. Nous y pensons tous les trois longtemps et profondément chaque fois.

Il n'appelle pas parce qu'il croit qu'il n'est pas votre genre

Il y a, bien sûr, d'autres raisons pour qu'un homme n'appelle pas une femme alors qu'il avait promis de le faire. Il se peut tout simplement que, tout comme vous, il ait changé d'avis à votre sujet, une fois les brumes de la soirée dissipées, et décide que cette rencontre ne mérite pas l'effort d'une seconde approche.

En réalité, un homme se voit comme initiateur et moteur d'une nouvelle relation et, s'il ne parvient pas rapidement à contrôler la situation parce qu'il ne vous sent pas assez réceptive, par exemple, ou parce qu'il a l'impression de ne pas avoir toutes les cartes en main, il peut décider d'en rester là. C'est peut-être un sportif qui adore faire du jogging au parc alors qu'elle a laissé entendre combien elle détestait le sport. Ou un intellectuel à qui elle a confié combien elle avait horreur de lire. À moins que, rétrospectivement, il ne l'ait jugée trop réservée ou trop expansive. Peut-être aime-t-il boire et pas elle, ou alors elle aime sortir pendant la semaine, mais lui, en tant que cadre avec un travail exigeant, ne peut se payer le luxe de sortir tard. Bref, l'alchimie physique et émotionnelle entre eux n'était pas assez forte pour mériter une seconde chance.

Pendant qu'il suivait ses études de médecine, Rich a rencontré une femme à la librairie de son quartier et l'a trouvée exceptionnellement belle. En un pathétique effort pour entamer la conversation, il lui débita une ou deux platitudes et, à sa grande surprise, elle lui répondit gentiment. Ils commencèrent à bavarder et finirent autour d'un café. Malheureusement, il ne s'était pas passé cinq minutes qu'elle se mettait à lui parler de ses derniers petits amis. Toutes ses relations amoureuses, lui expliqua-t-elle, avaient suivi le même modèle. Elles débutaient sous le signe de la passion puis se délitaient quelques mois plus tard. Comme elle sortait beaucoup, elle était courtisée par de nombreux hommes mais ne parvenait pas à comprendre pourquoi ses relations ne duraient jamais.

Après avoir bavardé pendant une heure avec elle, Rich commença à mieux comprendre la situation. Elle sortait généralement avec des cadres, « vous savez, ces types qui gagnent beaucoup d'argent et vous sortent somptueusement », précisa-t-elle. Après quoi, elle se mit à se plaindre qu'ils ne lui parlaient jamais de choses intéressantes et n'écoutaient pas ce qu'elle avait à dire. Rich comprit le problème de cette femme. Bien que belle à couper le souffle, une fois l'attirance première effacée, elle n'était pas intellectuellement stimulante pour un homme. Après trois tasses de café, elle dit à Rich : « Vous, vous savez écouter. Qu'est-ce que vous faites dans la vie ? » « Des études de médecine. » « Super. Nous devrions sortir un de ces jours. Voici mon numéro, appelez-moi... » Rich prit le numéro mais n'appela jamais.

Fondamentalement, aux yeux d'un homme, tout ce qui est important chez la femme la première fois doit subsister pour qu'il la courtise et l'appelle. Si elle a mentionné, au cours de leur première rencontre, quelque chose qui va contre ses attentes, il est préférable qu'il n'appelle pas. Une femme ne peut rien y faire. Il vaut mieux qu'elle soit elle-même et laisse les choses suivre leur cours. Il n'y a aucun bénéfice à attendre à essayer d'être quelqu'un que vous n'êtes pas pour amener un homme à vous appeler et le revoir. Un jour ou l'autre votre personnalité réelle ressortira et il sera clair que vous n'étiez pas compatibles.

*Il se peut qu'il n'appelle pas parce qu'il est trop occupé, ou parce qu'*elle *est trop occupée*

Avoir un agenda professionnel chargé n'empêche *pas* un homme d'appeler la femme qu'il a vraiment envie de revoir. Même avec un emploi du temps de ministre, il peut toujours trouver une minute s'il le veut. S'il est vraiment attiré par vous, il téléphonera. Mais s'il n'est pas intéressé, ses occupations risquent de devenir un excellent alibi pour l'en empêcher.

La réalité, c'est que, après une première rencontre, l'homme ne vous connaît pas assez pour être vraiment motivé pour vous revoir. Dans ce cas, le fait d'être occupé est une bonne excuse. Il a peut-être prévu de vous appeler, mais il s'est laissé emporter par un important projet de travail. Sa vie personnelle est peut-être suspendue pendant qu'il se prépare à opérer pendant huit heures, étudie un important dossier avant de plaider ou se noie dans les chiffres pour essayer d'éviter le dépôt de bilan d'une grosse entreprise. Après une semaine ou deux, s'il trouve enfin une minute pour téléphoner, il se demandera tout à coup si l'intéressée ne l'a pas oublié entretemps ou si, après une si longue attente, elle n'a pas décidé de le laisser tomber.

À moins que ce ne soit elle qui ait un programme chargé et se comporte ainsi. Brad avait rencontré un jour une hôtesse de l'air et tous deux s'étaient plu. Mais, au moment de le quitter, elle avait dit avoir peu de temps et précisé qu'elle quittait souvent la ville. Brad décida qu'il serait difficile de la revoir ou même d'avoir avec elle une relation profonde si elle était tout le temps absente. Pour finir, il décida que ça ne valait pas le coup d'appeler.

Une autre fois, au contraire, le scénario connut une conclusion plus positive. Un soir, Brad avait rencontré une fille superbe et ils s'étaient plu instantanément. Mais comme elle n'arrêtait pas de dire qu'elle était très occupée, il finit par se demander où elle voulait en venir. Pensant au moment où il aurait le combiné en main et redoutant déjà de se voir aimablement repoussé pour cause d'emploi du temps surchargé, il préféra prendre les devants et demanda à la jeune femme : « Aurez-vous de la place pour moi cette semaine ? » Surprise par cette question, elle le regarda et s'exclama : « Mais bien sûr ! » Quelques jours plus tard, lorsqu'il se décida à l'appeler, elle reconnut son nom tout de suite et réagit avec chaleur. Immédiatement, Brad se sentit soulagé. Il avait eu peur d'être accueilli par une phrase du genre : « Hein ? Qui ça ? Oh, salut. Vous pouvez patienter quelques instants ? Je suis sur l'autre ligne avec un ami... Me déranger ? Mais non, pas du tout. Enfin... peut-être que si vous rappeliez un peu plus tard... Ah non, demain, je ne suis pas là. La semaine prochaine ? »

Il n'a jamais eu l'intention d'appeler, il voulait seulement réussir à obtenir votre numéro

Aussi idiot que cela paraisse, il arrive qu'un homme ne rappelle pas une femme parce qu'il n'a jamais eu l'intention de le faire et qu'il voulait simplement obtenir son numéro de téléphone. Pourquoi ? Pour se rassurer, pour savoir s'il est toujours capable de séduire. Beaucoup d'entre nous sortent pour rencontrer des femmes et tester leur pouvoir de séduction. La plupart des types que nous connaissons ont rencontré des femmes avec lesquelles ils se sont mis à bavarder agréablement même si elles ne les intéressaient pas réellement. Parfois, ce flirt que l'homme sait sans lendemain peut aller plus loin, car il va demander à sa nouvelle conquête son numéro de téléphone, proposer un déjeuner ou un verre un autre jour. La femme, ravie, s'imagine déjà qu'elle a le ticket sans savoir que, dès qu'ils se sépareront, il va l'oublier aussitôt car il n'a jamais eu la moindre intention d'appeler. Beaucoup d'hommes qui agissent ainsi ont généralement déjà une petite amie et n'ont pas vraiment envie de la tromper. Malheureusement, d'autres, même heureux en amour, ne pourront s'empêcher de continuer à collectionner de nouvelles conquêtes... Surtout au bout de quelque temps, une petite voix sournoise se fera entendre au fond d'eux et leur soufflera que, maintenant qu'ils sont devenus des hommes « engagés », leur vie amoureuse s'en trouve évidemment limitée. À l'idée de ne plus sortir avec d'autres femmes, ils se sentent tout à coup bizarrement diminués. Cette idée les effraie et leur donne l'impression d'être prisonniers. Afin de se rassurer, beaucoup vont un jour ou l'autre recommencer à sortir et tenter de rencontrer d'autres femmes pour se prouver à eux-mêmes qu'ils sont encore désirables.

Nous conseillons aux femmes qui donnent leur numéro de téléphone de demander celui de l'homme en retour. S'il hésite, cela signifie qu'il n'a en fait aucune intention de vous appeler ou qu'il a déjà une petite amie et qu'il essaie seulement de satisfaire son ego en testant sur vous son pouvoir de séduction. Bref, il se libère simplement de son angoisse existentielle à vos dépens !

Ce qui encourage un homme à appeler

Lorsqu'il est assis chez lui, le téléphone à la main, s'efforçant de décider s'il va vous appeler ou non, il va peser chaque détail. Il se souviendra de ce qui l'attirait en vous, de vos réactions et de votre façon de lui faire comprendre qu'il vous plaît. Il se dira au choix :

– Elle est jolie...
– Elle a ri de mes plaisanteries...
– Elle m'a effleuré la main...
– Avant de partir, elle m'a fixé dans les yeux...
– Elle m'a embrassé sur la joue...

Savez-vous en effet que, pour bien des hommes, le geste le plus encourageant qu'une femme puisse faire à la fin d'un premier rendez-vous, c'est de lui accorder un petit baiser sur la joue ou, mieux, sur les lèvres si votre première rencontre est tout de suite un feu d'artifice – hypothèse rare mais tout de même envisageable ! N'oubliez pas... Il y a des chances pour qu'il soit encore plus craintif que vous – toujours cette vieille peur de se voir repoussé ! Facile à dire, pensez-vous. Et si, en l'embrassant, je me trompe complètement et tombe à côté de la plaque ? Allons, un peu de jugeote... Il n'est pas sorcier de savoir si l'alchimie a opéré entre vous. Rappelez-vous cette impression immédiate de facilité et de gaieté lorsque vous étiez ensemble, cette sensation de voir le monde disparaître autour de vous...

Bien sûr, si la rencontre est très brève ou neutre, il n'est pas nécessaire de la clore par un baiser passionné ! Mais si cet homme vous plaît et que vous avez passé une heure à bavarder avec lui, ne ratez pas vos adieux... Au moment de vous séparer, penchez-vous sur lui et donnez-lui un petit baiser sur la joue. Ou effleurez ses lèvres... Une manière bien à vous de lui laisser un souvenir qui, plus tard, lorsqu'il va décider s'il va vous appeler ou non, le rassurera suffisamment pour combattre sa crainte d'être repoussé. Si vous n'êtes pas disposée à franchir déjà le pas de ce baiser pourtant fort chaste, vous pouvez prendre sa main et la tenir pendant quelques secondes au moment de vous quitter. Ne lui serrez pas la main de manière trop professionnelle, il risquerait d'interpréter ce geste comme un simple signe de camaraderie qui le refroidirait. Bref, si vous êtes timide, forcez-vous à sortir un minimum de votre réserve, sous peine de le décourager pour de bon. Ce qui motivera un homme à vous appeler, c'est l'assurance que vous aurez su lui donner qu'il vous plaît. S'il ne se sent pas sûr de vous avoir séduit, il ne prendra pas le risque de s'exposer à votre indifférence.

Quelques précautions à prendre

Malgré ces conseils, une femme ne doit pas pour autant faire preuve d'imprudence et s'emballer trop vite. Trop souvent, lorsqu'un homme l'appelle pour la première fois, une femme ressent un faux sentiment de sécurité, baisse sa garde émotionnelle et se voit déjà filant le parfait amour. Mais il lui faut se souvenir qu'il ne s'agit que d'un premier pas. Elle ne connaît toujours pas ses intentions. S'il fait marche arrière et trouve sans cesse de nouvelles excuses pour ne pas la rappeler, elle se sentira blessée et repoussée pour s'être laissé entraîner trop vite par ses illusions.

Il y a évidemment des hommes qui appelleront une femme parce qu'ils sont prêts à entamer une relation et qu'ils se trouvent à un moment de leur vie ou ils envisagent *vraiment* de se caser. Malheureusement, c'est l'exception et non la règle.

Voilà comment nous voyons les choses : trouver la fille bien est comme de dénicher une aiguille dans une botte de foin. Et il faut remuer beaucoup de foin avant d'y parvenir. Dès le premier instant, nous savons si la fille qui est devant nous peut prétendre sérieusement à s'inscrire un jour dans notre vie ou si, au contraire, elle ne sera jamais qu'une passade. Dans ce cas, même si nous nous montrons empressés, l'invitons à sortir ou passons un week-end avec elle, ce sera sans jamais nous engager intérieurement. Tout ce que nous voulons, c'est oublier nos soucis, nous distraire, trouver une compagne sexuelle. Enfin, il y a des hommes qui sont joueurs et appellent les femmes uniquement pour les ajouter à leur palmarès. Certains types ont besoin de collectionner les conquêtes pour se prouver leur virilité. Leur seul objectif est de marquer des points. Plus ils couchent avec des femmes, plus ils se sentent machos.

Nous discuterons dans le prochain chapitre des signes avertisseurs que vous devez rechercher et qui vous permettront de savoir quand un type vous mène en bateau. Pour le moment, suivez simplement quelques règles de prudence. Si un homme vous appelle, essayez discrètement de découvrir ses intentions réelles. Apprenez à le connaître. Ne vous fixez pas sur quelqu'un ou sur une situation qui ne vous plaît pas réellement. Ne soyez pas la proie d'un type qui ne recherche pas la même chose que vous, et n'essayez pas de vous persuader du contraire – cela vous permettra de gagner du temps, de vous épargner des peines de cœur et d'inutiles blessures d'amour-propre.

Comment décider du bon moment pour appeler

Choisir le bon moment pour un premier coup de fil est essentiel. Pour nous, se décider enfin à téléphoner est presque aussi difficile que d'aborder une femme pour la première fois, sinon plus.

Difficile à croire, nous direz-vous. Un simple coup de téléphone n'a rien de si terrible. Après tout, si nous voulons appeler, nous n'avons qu'à le faire. Mais, la vérité, c'est que ce n'est pas un jeu. C'est un mécanisme de défense que les hommes emploient pour diminuer leur vulnérabilité au maximum.

Un jour, sur la plage, Chris remarqua une fille rencontrée la veille à une soirée. Il faisait chaud et humide ce dimanche-là, et tout le monde semblait avoir la gueule de bois après la grande nouba qui s'était déroulée tout au long de la nuit. Ils se retrouvèrent à jouer aux cartes pendant un moment puis se baignèrent ensemble pour se rafraîchir et se débarrasser du sable chaud. Tout semblait aller au mieux. Chris reçut un grand nombre de signaux positifs, y compris la suggestion de sortir ensemble un soir de la semaine.

Malheureusement, les choses ne se passèrent pas du tout comme il l'avait espéré. Chris demanda à la femme son numéro de téléphone et elle le lui donna. Après un long mardi de travail et un passage au gymnase, il se décida enfin à l'appeler. Elle parut surprise d'avoir de ses nouvelles. Et pas dans le bon sens, ainsi que Chris le sentit immédiatement. La conversation fut un ratage complet, entrecoupée de longues pauses embarrassantes et de phrases stupides destinées à rompre le silence.

Pour faire cesser ce cauchemar, Chris lui proposa de sortir un soir de la semaine. Il pensa qu'elle était peut-être simplement fatiguée ou qu'elle avait eu une rude journée de travail. Mais elle allégua excuse après excuse et la conversation s'acheva sans projet de sortie. Ainsi que Chris le découvrit plus tard, elle pensait qu'il était en manque parce qu'il appelait déjà et qu'il attaquait trop fort et trop vite. Elle n'arrivait pas à comprendre qu'il n'ait pas attendu plus de deux jours pour se manifester de nouveau alors qu'ils avaient déjà passé le samedi soir et le dimanche ensemble sur la plage. Elle pensait qu'il n'avait rien d'autre dans sa vie et cela ne l'attirait pas.

Brad se retrouva dans une situation similaire, mais avec des résultats différents. Il rencontra une femme par l'intermédiaire d'un collègue de bureau et tous trois déjeunèrent ensemble. Dès le premier regard, Brad fut très attiré par cette splendide jeune femme. Il avait très envie de passer plus de temps avec elle pour mieux la connaître. Avant de se séparer et de retrouver leurs bureaux respectifs, il lui demanda si elle accepterait de le revoir. Miracle, elle accepta. Ils échangèrent leurs numéros de téléphone et projetèrent de se revoir dans la semaine. Mais, échaudé par l'aventure qui était arrivée à Chris, Brad décida d'attendre quelques jours avant d'appeler.

Cette fois, pas de chance, cela ne lui réussit pas ! Lorsqu'il téléphona enfin, la jeune femme ne se montra pas très réceptive, fit des réponses brèves, ne semblant pas vraiment désireuse de lui parler. Brad sentit des ondes négatives et termina cette pénible conversation aussi poliment que possible. Le jour suivant, il en parla à leur ami commun et, en soupirant, lui demanda ce qu'il pensait de cette étrange réaction. L'ami en question qui la connaissait bien lui répondit qu'elle avait été intéressée par lui, mais qu'il avait attendu trop longtemps pour l'appeler. Ce qui l'avait conduite à penser qu'il avait une vie privée très remplie, sortait avec d'autres femmes et n'était pas vraiment intéressé par elle. Pour finir, elle avait tout bonnement décidé qu'il n'était pas le genre de type avec lequel elle voulait s'engager.

Nous y voilà. Ces deux modèles de scénario montrent pourquoi il est si difficile pour un homme de se décider à appeler une femme qu'il vient de rencontrer et qui lui plaît. Il faut trouver le ton juste et surtout se manifester au bon moment, c'est-à-dire ni trop tôt, ni trop tard. Un vrai casse-tête !

Mais soyons clairs. Il y a une chose dont nous sommes sûrs : *si une femme nous plaît, nous nous manifestons dans la semaine – et plus probablement au cours des deux ou trois jours suivants.*

Ne soyez pas naïve ! Si un homme vous appelle au bout d'un délai interminable, attention ! Suspectez le pire. Imaginez-le à l'autre bout de la ligne, essayant désespérément d'organiser un truc et appelant au hasard les numéros de son agenda. Il s'est peut-être disputé avec sa petite amie, à moins qu'il ne vienne de fêter son anniversaire et se soit pris brusquement un coup de vieux. Quelle que soit la vraie raison de ce coup de fil que vous n'attendiez plus, méfiez-vous. Il ne cherche que du sexe, et non une relation signifiante. S'il était réellement intéressé par vous, il se serait manifesté plus tôt.

« Veuillez laisser un message après le bip » : le dilemme du répondeur

Pour nous, le premier coup de téléphone implique un contact direct avec la femme que nous souhaitons revoir et non avec son répondeur ou sa secrétaire. La plupart d'entre nous préfèrent même ne pas laisser de message sur un répondeur ni à un tiers, de peur de connaître l'humiliation de ne pas être rappelé ou, pis, de finir par entendre une piètre excuse du genre : « Désolée, ma secrétaire a oublié de transmettre le message », ou bien « Encore mon fichu répondeur qui fait des siennes... » Amères justifications pour nos oreilles de mâle orgueilleux qui aurait voulu vous trouver à côté du téléphone dès la première sonnerie...

Pour compliquer les choses, il y a des femmes assez tordues pour penser qu'elles gagneront à ne pas répondre tout de suite au premier message d'un homme. Elles croient que, s'il est vraiment intéressé, il rappellera. *Erreur !* Notre nature ombrageuse et inquiète nous fera considérer ce retard comme une prière de nc pas rappeler *du tout*... Car, là encore, si nous nous méfions d'un excès d'empressement, trop d'apparente indifférence nous glace et nous met profondément mal à l'aise.

Si un homme ne vous contacte pas immédiatement, pas de panique, il a peut-être essayé de vous joindre mais n'a pas laissé de message. Ou il se peut qu'il repousse l'appel de quelques jours pour ne pas paraître en manque. Donnez-lui du temps et écoutez ce qu'il a à dire lorsqu'il appelle enfin. Vous pourriez même envisager de donner votre numéro de téléphone de travail. Si vous avez une carte de visite professionnelle, donnez-lui-en une. Ainsi il sera sûr de pouvoir vous joindre. Mais alors, gare ! Si vous vous ravisez entre-temps, difficile de lui faire croire que vous êtes en permanence en voyage d'affaires. Et votre secrétaire sera exténuée d'inventer d'incessantes réunions ou d'interminables séminaires...

Lorsqu'un homme ose laisser un message, cela devrait convaincre l'intéressée qu'il est vraiment mordu. Et du point de vue de l'homme, il n'existe qu'une réponse appropriée de la part d'une femme souhaitant sortir avec lui. Elle doit le rappeler. Si elle ne le fait pas rapidement, il ne lui téléphonera probablement plus, sa crainte d'être repoussé s'étant, hélas, réalisée. Il va immédiatement penser qu'il a mal géré la situation. Pour éviter cette humiliation, un homme jouera les machos et, même s'il continue d'être hanté par vous, s'interdira de rappeler. Il n'a aucune raison de se remettre dans la même désagréable situation.

Nous comprenons que certaines femmes soient timides et détestent appeler elles-mêmes lorsque la relation n'en est encore qu'à ses tout débuts. D'autres sont encore prisonnières de conventions plus que dépassées et estiment que ce n'est pas leur rôle de rappeler un homme. Dans ce cas, pourquoi ne pas lui téléphoner à son travail ? C'est le meilleur moyen de *lui* laisser un message et lui faire savoir que vous êtes intéressée sans pour autant paraître trop empressée. La balle est désormais dans son camp. Pour celles qui changent d'avis et regrettent d'avoir donné leur numéro, ou qui viennent de se remettre avec leur ex, utilisez votre répondeur. Nous ne sommes pas idiots. Tout le monde finit par être à la maison à un moment ou à un autre. Si nous tombons sans arrêt sur votre (maudit) répondeur, nous vous laisserons tranquille...

Et si c'était vous qui l'appeliez ?

De nombreuses femmes n'aiment pas donner leur numéro de téléphone dès la première rencontre et préfèrent prendre le numéro de l'homme. Si certains d'entre eux s'en trouveront déçus, persuadés qu'elle n'appellera pas, d'autres comprendront les craintes et le sentiment d'insécurité qui motivent ce genre de précaution. Aussi se montreront-ils plutôt impressionnés par une femme qui les appelle en premier et penseront que vous avez assez de tempérament pour obtenir ce que vous voulez.

Une fausse idée répandue est que l'homme perd toute considération envers une femme qui appelle en premier. C'est inexact. D'une manière générale, nous ne répéterons jamais assez combien les hommes apprécient les femmes qui prennent l'initiative dans la relation. Être la première à lui téléphoner vous fait gagner un grand nombre de points dans son esprit.

Mais le *timing* de votre appel est aussi crucial que celui du nôtre. Si vous vous disposez à appeler l'homme qui vous a fait battre le cœur au cours d'une soirée, il faut le faire au bon moment. Si vous attendez une semaine, deux semaines ou un mois pour téléphoner, vous atteindrez probablement votre but : un rendez-vous. Mais, après si longtemps, rien ne vous dit que les intentions de cet homme n'auront pas changé. Il va suspecter que vous n'êtes pas vraiment intéressée, mais que vous voulez quelque chose de lui. Il va penser : « Si je lui plaisais vraiment, elle aurait appelé avant. Elle est en manque et cherche une bonne âme pour se consoler. » Bref, rien de bien réjouissant pour lui... Du coup, rien ne l'empêchera de jouer les cyniques et d'essayer de tirer ce qu'il désirera de vous sans aucune contrepartie. Il se dira : « Pourquoi ne pas sortir avec elle ? Qu'est-ce que j'ai à perdre ? » Dans son esprit, cette femme ne sera jamais celle avec laquelle il pourrait commencer une relation sérieuse. À moins que vous ne soyez vous-même à la recherche d'une aventure et d'une simple relation sexuelle, nous ne recommandons pas cette approche.

Si vous appelez un homme, vous n'avez pas besoin d'en faire des tonnes. Soyez simple, directe. Tout ce que vous avez réellement besoin de dire, c'est quelque chose du genre : « Salut, c'est Christine, nous nous sommes rencontrés vendredi soir et je vous ai dit que je vous appellerais... » Par le seul ton de sa réponse, vous saurez s'il veut continuer avec vous. Pas besoin non plus de lui proposer tout de suite un rendez-vous. Surtout pas. Certains hommes diront oui par politesse, et ce sera une perte de temps. D'autres liront dans votre invitation un peu trop empressée l'expression d'une solitude et, s'ils ne se sentent pas l'âme d'un saint-bernard, se détourneront de vous. C'est triste, mais ainsi va la vie. Plus on a l'air en manque et plus on fait le vide autour de soi. Le mieux est de ne pas trop laisser votre imagination s'emballer et de passer votre coup de fil en toute simplicité. S'il répond sans enthousiasme et met fin rapidement à la conversation, pas besoin de vous faire un dessin. Si, au contraire, il saute sur l'occasion et vous propose rapidement une rencontre, alors c'est gagné.

« Voyons-nous... » ou comment proposer un premier tête-à-tête

Si la volonté est là, l'homme et la femme finiront inévitablement par se rencontrer. Après avoir franchi les répondeurs, les services téléphoniques, les éventuels colocataires, le barrage de la secrétaire, les supputations, les doutes sur soi-même, les numéros de téléphone erronés ou mal rédigés, l'homme n'a plus qu'une seule idée fixe : obtenir enfin un rendez-vous.

Si vous êtes tout aussi désireuse que lui de le revoir, vous devez tout faire pour ne pas rater ce premier appel. Si, pour une raison quelconque, vous ne pouvez pas lui répondre directement, vous devez vous débrouiller pour lui faire comprendre que vous le rappellerez très vite. Les hommes attendent généralement dans l'angoisse la réponse à leur appel et veulent éviter à tout prix ce sentiment de vide qui les envahit lorsqu'ils s'imaginent être rejetés par la femme qu'ils désirent séduire. Dans pareille situation, une heure nous semble un jour. Aussi, lorsqu'une femme ne répond pas au premier appel, on peut parier que l'homme ne rappellera pas.

Étant donné qu'il vaut mieux faire connaissance en personne, les conversation approfondies doivent être réservées au moment de votre premier rendez-vous. Chaque fois que nous avons enfreint cette règle, nous l'avons presque toujours regretté. De longs bavardages vibrants de sympathie peuvent se produire au cours du premier coup de fil sans que cela soit pour autant le signe d'une future entente idéale. Car ce sera au cours du rendez-vous suivant que vous apprendrez à mieux nous connaître et que l'alchimie se produira vraiment – ou pas. Si, hélas, ce dernier cas se présente, nous nous sentirons plutôt ridicules d'avoir trop parlé... trop tôt et d'avoir raconté notre vie à une parfaite inconnue.

Nous vous conseillons donc de ne pas transformer ce premier appel en conversation fleuve. Même si nous reconnaissons la nécessité de bavarder un peu, un excès de confidences nous incite à nous méfier. Se conduit-elle ainsi avec tout le monde ? Dans ce cas, quelle discrétion attendre d'elle ? Cependant, nous apprécions qu'une femme réagisse avec enthousiasme à nos questions et se montre curieuse à notre égard. Il n'y a en effet rien de plus décourageant qu'une interlocutrice apparemment indifférente (rappelez-vous : la comédie de la froideur est un mauvais choix...) ou peu réceptive. Si ce premier contact téléphonique s'avère mortellement ennuyeux, nous réfléchirons à deux fois avant de proposer une soirée en commun.

Et voilà... Vous avez raccroché, le cœur encore un peu battant, et vous réalisez qu'il ne vous a pas proposé le moindre rendez-vous. Hélas, si nous sommes souvent distraits, il est à craindre que ce manquement ne soit pas à mettre sur le compte de ce défaut. Dites-vous plutôt que quelque chose a cloché, que probablement il n'y a pas eu de déclic au cours de la conversation. S'il dit qu'il vous rappellera la semaine prochaine, ses intentions ne sont pas claires et il vous fait marcher. S'il ne parle pas d'appeler ou de vous voir, alors vous pouvez être sûre que c'est la dernière fois que vous entendez parler de lui. Remettez-vous... le monde est plein de types formidables.

Lorsque les choses marchent entre une femme et un homme dès le premier appel, ce dernier va très tôt à l'essentiel. Il vous demandera si vous voulez le voir et, naturellement, vous vous mordrez la langue pour ne pas répondre trop vite par l'affirmative. Si vous avez tous deux des emplois du temps chargés, chacun essayera de se montrer souple sur le lieu et le moment de la rencontre. Mais vous aurez ainsi réussi à rafraîchir ce sentiment magique qui avait jailli au cours de votre toute première rencontre.

prennent pas la peine de se connaître et, au moindre couac, se détournent l'un de l'autre sans vraiment le vouloir.

Soirée magique ou rendez-vous catastrophe ?

Au cours d'un premier dîner en tête à tête, une femme a toutes les cartes en main. Elle peut susciter l'intérêt d'un homme et lui donner l'envie de la revoir ; elle peut tout aussi bien l'amener à réclamer l'addition sans traîner et s'enfuir sans demander son reste. La frontière est souvent ténue entre un premier rendez-vous qui se transforme en dernier chant de la sirène et une soirée qui débouche sur une relation sérieuse. Une femme et un homme sont peut-être théoriquement – et physiquement ! – faits l'un pour l'autre, mais toutes sortes d'obstacles se mettent comme par malice en travers de leur route pour les empêcher plus ou moins consciemment de poursuivre leur relation.

Nous avons beaucoup réfléchi sur nos expériences réussies de premier rendez-vous et sur celles qui ont tourné au cauchemar. Ce qui vient en tête de liste de nos superbes ratages – à part une rédhibitoire absence de réaction alchimique –, ce sont les moments où la conversation a mal tourné sans trop que l'on sache pourquoi, que ce soit la *manière* dont nous avons parlé et *ce que* nous avons abordé. Inutile de préciser que les monologues ne font pas partie de nos meilleurs souvenirs. Tout le monde aime qu'un rendez-vous se transforme en dialogue ouvert et vivant. Si une femme n'écoute pas ou ne pose pas de questions, ou si elle ne parle que d'elle-même, nous la trouverons évidemment indigente, ennuyeuse et malpolie. La qualité de sa conversation fera souvent la différence. Soit elle donne envie d'un second rendez-vous ; soit au contraire elle incite à quitter le navire au plus vite.

Elle n'arrête pas de parler de son ex

Lorsqu'une femme a rompu récemment, un homme peut comprendre qu'elle pense encore à son ex-petit ami même si cela laisse à penser qu'elle n'est pas prête à entamer une nouvelle relation. Il détestera l'entendre parler interminablement de ses déboires passés ou, pis, être comparé à son ancien compagnon. Si elle dresse un portrait idyllique du « cher disparu », il désespérera de jamais réussir à rivaliser avec un homme aussi parfait (au fait, pourquoi alors se sont-ils quittés ?). S'il l'entend vanter la beauté, la richesse ou l'intelligence de son ex, c'est le malaise assuré. Surtout, ne pensez pas qu'avoir été l'objet du désir d'un autre homme vous donnera plus de valeur aux yeux de votre nouvelle conquête.

Lorsqu'une femme recense les fautes de son ex, un homme pense aussitôt à ses défauts à elle ! Quand elle dit : « Il m'a trompée. Je ne sais pas pourquoi je suis restée avec lui », il pense qu'en le noircissant, elle croit se mettre en avant. Si elle affirme : « Je ne l'aimais pas vraiment, je suis restée avec lui pour ne pas lui faire de peine », il se dit : « Allons bon, voilà qu'elle joue les martyrs. » Lorsqu'une femme attaque son ex, l'homme prend cela pour un avertissement : si j'entame quelque chose avec elle, elle me fera subir le même sort un jour.

Une femme qui ne sait parler que de son passé devient rapidement irritante. À force de l'entendre étaler ses ratages amoureux, les hommes finissent par avoir l'impression qu'elle est instable. Sans parler de celle qui, malgré de nouvelles rencontres, finit toujours par retourner dans les bras de son ex, même après avoir assommé tout le monde de la liste de ses défauts. Si nous entendons une femme raconter qu'elle a ainsi renoué plusieurs fois avec son ex, nous finissons par nous demander si cela ne va pas se reproduire une nouvelle fois. Ne vous méprenez pas. Nous savons parfaitement qu'il est difficile de rompre des liens avec quelqu'un qu'on aime encore ou qu'on a beaucoup aimé. Cela demande de la confiance en soi, un véritable amour de la vie et une certaine maturité. Autour de nous, beaucoup de femmes connaissent de multiples relations amoureuses et retournent immanquablement auprès du même homme. Puis, au bout de quelque temps, la valse des sorties reprend, comme dans un vaudeville. Ces femmes éprouvent une vive frustration dans leur relation amoureuse mais semblent incapables de s'en défaire. Si ça n'a pas marché dans le passé, pourquoi une femme revient-elle ? La seule réponse logique, à moins qu'elle ne soit masochiste et prenne plaisir à des relations douloureuses, c'est qu'elle manque de confiance en soi, qu'elle est profondément instable et incapable de mener sa vie sans lui.

Voilà pourquoi parler de son ex joue contre le but premier de la rencontre, qui est de mieux se connaître. Pour cette raison, les hommes sont peu enclins à parler de leurs romances passées lors d'un premier tête-à-tête avec une nouvelle conquête. Même s'ils ont rompu depuis peu et qu'ils pensent encore fréquemment à leurs anciennes amours, il est dans leur nature d'aller de l'avant et de ne pas se laisser engloutir par la nostalgie. À moins que vous ne soyez tombée sur un incurable mélancolique... auquel cas, n'attendez pas le dessert et prenez la poudre d'escampette ! Un homme équilibré s'efforcera surtout de connaître la femme avec laquelle il partage le moment présent. Et il ne sera que trop heureux de la voir dans les mêmes dispositions d'esprit et non éternellement hantée par les fantômes du passé.

Si vous souhaitez qu'il vous propose un second rendez-vous, évitez donc le sujet de votre ex. Concentrez-vous sur l'homme qui est devant vous et qui, peut-être, si vous vous donnez la peine de le connaître, comblera enfin tous vos désirs.

Ni trop sérieuse, ni trop vulgaire...

Ne dit-on pas que les femmes ont tendance à être plus bavardes que les hommes ? Certaine forme d'éloquence peut, certes, donner du relief à votre personnage, mais prenez garde de ne pas parler trop et trop tôt. Certaines de nos amies l'ont appris à leurs dépens après avoir essayé de gagner l'intérêt d'un homme par un excès de bavardage. Il arrive en effet que les mots ne nous rapprochent pas d'une femme mais qu'ils nous en éloignent. Surtout lorsqu'elle aborde des sujets trop graves pour la circonstance. Nous nous méfions toujours des femmes qui veulent être intimes trop tôt.

Parler de choses sérieuses telles que des drames personnels ou collectifs, s'étendre sur de sinistres histoires de famille ou autres sujets du même acabit, voilà un excellent moyen de plonger votre interlocuteur dans l'embarras. Si une femme commence à parler du divorce de ses parents, du problème de drogue de son frère, ou de la mort récente de sa grand-mère, comment est-il supposé réagir ? Si elle avoue qu'elle a des problèmes avec la nourriture ou qu'elle prend des antidépresseurs, que voulez-vous qu'il dise ? Ce genre de confidences encombrantes déconcerte un homme. Il compatit, mais ne sait que répondre parce qu'il ne vous connaît pas encore suffisamment. Désorienté, il se demande si vous cherchez un conseil, si vous désirez être réconfortée ou si, tout simplement, vous cherchez quelqu'un – n'importe qui – à qui parler, ce qui n'est pas du plus gratifiant pour lui, reconnaissons-le... Bref, ce confident malgré lui se voit invité à être ce à quoi il n'est guère préparé. S'il est évident que les couples ont besoin d'avoir des conversations profondes sur des sujets graves, un premier rendez-vous ne doit en aucun cas se transformer en séance de psychothérapie...

De la même manière, les grands projets d'avenir et les aspirations sont de bons sujets de conversation, mais un homme n'aime pas parler de mariage ni d'enfants dès le premier soir. Gardez ces sujets pour plus tard, s'il y a un plus tard. Mieux vaut aller lentement et laisser les choses progresser naturellement. D'après notre expérience, les relations qui durent sont celles où ce genre de sujets a été évité au commencement, alors que personne ne se connaissait encore vraiment. Gardez donc sagement au début une « vitesse de croisière ». Toutes nos amies qui n'ont pas su observer cette élémentaire prudence ont vu leurs partenaires s'envoler comme feuille au vent. À force de les entendre sempiternellement parler de leurs grandes espérances, ils ont pris peur.

Quel genre de conversation faut-il donc tenir lorsque vous essayez d'apprendre à connaître un presque inconnu ? Sachant que les premières impressions sont difficiles à effacer et que vous le connaissez peu, nous vous recommandons la discrétion. Rappelez-vous : l'homme et la femme se mènent toujours, plus ou moins consciemment, une guerre souterraine, ils se jaugent, s'évaluent, portent un jugement sur chaque détail, chaque mot prononcé.

De même que parler de son ex et se lancer dans des sujets sérieux trop tôt, dire des obscénités est également peu recommandé... Rich n'oubliera jamais un premier rendez-vous qui, en ce qui le concernait, était déjà terminé avant de commencer. Alors qu'il se rendait avec sa nouvelle amie en voiture au restaurant, un autre véhicule se mit en travers de leur chemin. Au feu rouge suivant, la fille baissa sa vitre et cria des obscénités au conducteur indélicat. Vous pouvez imaginer ce que Rich pensa lorsqu'elle se mit à hurler : « Putain de ta mère ! Ton permis, tu l'as eu dans une pochette surprise ? » Il a beau avoir le sens de l'humour, il n'eut pas envie de prendre un second rendez-vous...

Certaines personnes se laissent aller et tentent de forcer la familiarité. D'autres restent trop sur leur quant-à-soi. Dans une situation idéale, l'homme et la femme réussissent à garder la juste mesure – et se *détendent.* Arrêtez de jouer des rôles et faites confiance à votre charme naturel...

La femme sympa

Les femmes s'étonnent lorsque nous leur disons que, dès le premier rendez-vous, les hommes attendent avant tout qu'elles soient... sympas ! Les hommes raffolent des femmes tolérantes, décontractées et attentives. Les pauvres créatures incomprises que nous sommes sont avides de gentillesse et de considération. Nous aimons celles qui se montrent affables, souples et d'humeur facile. Sachez, si jamais vous êtes une force de la nature, que nous ne savons pas résister à une femme douce...

Attention, nous ne sommes pas en train de vous dire de manquer de caractère et de jouer les paillassons devant nos airs de coq en goguette... Mais il nous est souvent arrivé de croiser des femmes qui s'efforçaient désespérément d'être brillantes et sexy alors que tout ce que nous attendions d'elles, c'était de les voir détendues et naturelles. N'oubliez jamais que, lorsque nous vous sentons bien dans votre peau, nous le sommes également.

Vous ne nous croirez peut-être pas mais, à moins d'appartenir à la catégorie hors course des goujats, un homme se fait toujours pas mal de cheveux lors de ce premier tête-à-tête. Il s'inquiète de savoir si le restaurant vous plaît, si la nourriture est bonne, et la musique agréable. Un premier rendez-vous est par essence stressant, et nous sommes toujours infiniment soulagés lorsqu'une femme a la bonté de balayer, par sa simplicité et sa gentillesse, toutes nos anxiétés.

De plus, tradition masculine oblige, nous nous sentons toujours obligés d'être performants dès ce tête-à-tête crucial. Un peu comme si nous étions des acteurs conviés à donner le meilleur d'eux-mêmes à une générale. Il nous faut impressionner l'audience et obtenir de bonnes critiques dans le *New York Times* ! Parfois, nous faisons de tels efforts pour paraître au mieux de nous-mêmes que nous nous sentons comme des clowns dans un cirque. Il nous faut mettre notre nez rouge, dresser le chapiteau, raconter des blagues et tenter de vous faire rire à tout prix. Pourtant, certains soirs, nous sommes fatigués de jouer. Imaginez le soulagement lorsque notre compagne nous fait comprendre qu'elle n'attend rien de spécial de nous et que tout ce qu'elle désire, c'est passer un bon moment.

Voilà pourquoi une fille qui saura détendre l'atmosphère a plus de chance de décrocher l'homme merveilleux que toutes ses copines lui envieront... *Ne croyez pas que nier votre propre personnalité vous servira. Pas plus que de jouer les princesses énigmatiques enfermées dans les profondeurs de chambres secrètes.* Faites quelque chose de positif au lieu de rester distante, comme tant de femmes s'efforcent de l'être. Sinon, votre partenaire aura l'impression de traverser une forêt dans l'obscurité. Et il n'aura qu'une idée en tête : s'évader de tout cet imbroglio de faux mystères et retrouver les contours nets et sans complications de la réalité.

Vous ne pouvez pas savoir à quel point nous nous sentons soulagés lorsque, à un premier dîner en tête à tête, notre invitée nous dit des choses du genre : « J'ai eu une dure journée au travail mais c'est super de me retrouver ici avec vous. Vous savez quoi ? Ce restaurant est fabuleux ! Je n'étais jamais venue auparavant... Comment avez-vous fait pour trouver cet endroit magique ? » Bon, d'accord, là c'est peut-être un peu trop, mais comment résister à cette douce musique qui s'échappe des lèvres d'une femme comblée ? Au fond, nous sommes, comme vous, de bien fragiles chasseurs de rêves. Il n'y a rien de pire que de se donner du mal pour fabriquer un moment que l'on espère idéal et qui finit par se dégonfler piteusement, en même temps que nous... Alors imaginez un peu notre soulagement si nous tombons sur une fille sympa. Et pendant que nous commençons à poser des questions destinées à en savoir plus sur son compte, une petite voix nous chuchote déjà : « Quelle fille super ! Il faut lui proposer un deuxième rendez-vous au dessert... »

Anatomie d'un premier rendez-vous

Tout au fond de lui, un homme croit dur comme fer que la chevalerie n'est pas morte. Il pense que c'est à lui de proposer le premier rendez-vous à la femme convoitée. Il estime que c'est son devoir de l'organiser. Cette tâche peut être difficile, surtout lorsqu'il ne connaît pas très bien sa future invitée.

S'il prend la peine de se charger ainsi de toute l'organisation du rendez-vous, ce n'est pas une très bonne idée de le descendre immédiatement en flammes en critiquant d'emblée le restaurant, la nourriture, le vin ou la musique. Pitié pour lui ! Un soir, après que Brad avait rencontré une femme qui lui plaisait, il décida d'organiser une soirée en ville et réserva à l'avance dans un restaurant chic. Après quoi, il informa l'élue de l'heure et du lieu du rendez-vous. À sa surprise, elle répondit par un froid : « Pouah ! Cet endroit est nul ! Que diriez-vous d'aller dans cette boîte branchée dont tout le monde parle en ce moment ? » Brad eut l'impression de rapetisser instantanément de vingt centimètres, ce qui, chez tout homme normalement constitué, déclenche presque aussitôt un vif ressentiment à l'égard de la rapetisseuse en question. Inutile de vous dire que ce premier dîner fut aussi le dernier.

Pour vous montrer à quel point il est difficile d'organiser une première sortie avec une femme que l'on connaît à peine, laissez-nous vous éclairer un peu plus avant sur notre état d'esprit. Tous les hommes ont d'abord pensé naïvement qu'il suffisait de choisir la date et l'heure du rendez-vous et que l'inspiration ferait le reste. *Erreur !* Lorsque nous demandions à notre partenaire ce qu'elle avait envie de faire, elle répondait le plus souvent qu'elle n'en avait aucune idée. Aussitôt, nous commencions à nous tourmenter. Quel type de cuisine aime-t-elle ? Exotique ou traditionnelle ? Préfère-t-elle les adresses branchées et animées ou, au contraire, les restaurants discrets et feutrés ? Ses goûts sont-ils sophistiqués ou raffolera-t-elle plutôt d'un endroit pittoresque et sans chichis ? Après le dîner, le casse-tête continue. Où l'emmener ? Est-elle le genre jazz, rock, rap, salsa, classique ?

Le plus souvent, lorsque nous nous décidions enfin, nous tombions sur des restaurants qui affichaient complets ou tournions pendant des heures sans réussir à trouver la fameuse petite boîte de jazz dont un ami nous avait tant parlé. Bref... très vite, nous avons compris qu'il ne fallait jamais s'y prendre au dernier moment. Alors, aidez-nous et ne jouez pas les femmes trop passives. Faites-nous connaître vos préférences...

Pourtant, s'il est vrai qu'un restaurant confortable favorise la conversation, il peut arriver qu'un couple qui sort pour la première fois en tête à tête éprouve encore une vague gêne à se lancer dans une activité aussi « intime » que de *manger* ensemble. Par timidité ou méconnaissance de l'autre, un premier repas en commun peut représenter pour un homme une véritable corvée. Toutes sortes de choses peuvent aller mal et se révéler embarrassantes et stressantes : un service négligent, une cuisine ou une ambiance décevantes... Messieurs, si vous ne vous sentez pas de taille à affronter cela, préférez un bar « cosy », un café sympathique, un salon de thé douillet. Autant d'étapes préliminaires qui limiteront les complications. On n'y éprouve pas cette sensation de malaise qu'on ressent à manger en face de quelqu'un que l'on connaît à peine.

Autre lieu qui peut s'avérer problématique : le cinéma. Difficile, en effet, de communiquer dans une salle sombre tout en regardant un film ! Si un homme vous fixe rendez-vous devant la billetterie du dernier Woody Allen, c'est qu'il est d'une affreuse timidité et ne sait comment vous aborder. À moins – horreur ! – qu'il n'ait choisi cette solution parce qu'il est... radin. Une place de cinéma coûte beaucoup moins cher qu'un dîner au restaurant et, s'il n'est pas sûr que la chimie opérera entre vous, il se dit qu'au moins il n'aura pas entièrement perdu son temps et son argent ! Reste la possibilité que vous ayez affaire à un vrai cinéphile qui ne peut se passer de son film quotidien. Dans ce cas, espérons qu'il pensera, ensuite, à vous emmener dîner !

À la différence du cinéma, les musées et les expositions laissent le temps de bavarder. Si un homme propose à une femme de se retrouver au Louvre ou à une expo branchée, cela montre qu'il est cultivé et il cherche sans doute à savoir si elle l'est aussi. Mais cela peut aussi masquer un manque de confiance en soi. Il cherche alors à impressionner sa partenaire en faisant étalage d'une culture qui n'est peut-être qu'un simple vernis. À elle, si elle est fine, de deviner le piège.

La nana cool

Il existe de nombreuses manières d'impressionner une femme mais, hélas, la plupart exigent de dépenser beaucoup d'argent. Les hommes ont souvent été élevés dans l'idée que, s'ils n'emmènent pas leur conquête dans un bon restaurant, ils perdent la première manche. Combien de femmes avons-nous entendues, un jour ou l'autre, se vanter des grands restaurants ou des hôtels de luxe où on les avait emmenées. Comme si elles ne savaient évaluer la valeur d'un homme qu'à sa seule faculté de sortir sa carte de crédit... Vous voulez la vérité ? Ça nous rend malades de voir certaines d'entre vous accorder tant d'importance au lieu où nous les emmenons dîner la première fois.

Le véritable objet d'une première rencontre n'est-il pas de mieux se connaître ? Si nous, les hommes, aimons passer du temps entre copains, c'est sans doute qu'avec eux nous sommes vraiment détendus. À vous de réussir à nous procurer ce même sentiment quand nous nous trouvons en votre compagnie... Alors, de grâce, ne nous jugez pas sur des détails aussi sordides que la marque de notre voiture ou le nombre de zéros d'une addition... (Mais il est vrai – et nous en sommes heureux – que beaucoup de femmes ne se reconnaîtront pas dans ce comportement...)

La vérité, c'est *qu'un homme veut être aimé pour lui-même, non pour ce qu'il dépense pour vous.* En termes masculins, une femme qui apprécie cela – ou, du moins, qui cherche vraiment à s'intéresser à nous – est une « nana cool ». Lorsqu'un homme dit à ses amis que vous êtes « cool », c'est un grand compliment. Si cela ne vous gêne pas d'aller dans un bistrot ou un bar sympa la première fois, vous êtes sur la bonne voie... Quand un homme se sent décontracté avec une femme, il a envie de la revoir.

Oubliez votre montre

Il arrive souvent qu'une femme termine une excellente soirée trop tôt parce qu'elle fait passer son sommeil avant tout et qu'elle a peur de ne pas être en forme le lendemain à son travail. Certes, il n'est pas question de vous traîner de boîte en boîte jusqu'à l'aube pour vous abandonner, hagarde, les yeux cernés, devant votre porte avec juste une heure de sommeil devant vous. Nous comprenons fort bien que vous souhaitiez respecter certaines limites. Mais, de grâce, ne jouez pas les rabat-joie ! À force de regarder votre montre, vous finirez par faire croire, à plus ou moins juste titre, que vous vous ennuyez ferme. Sachez doser votre plaisir. Ne parlez pas de régime à table ni de votre quota minimum de sommeil au moment où vous dansez tendrement un slow. Si vous vous sentez bien avec votre partenaire, oubliez un peu vos contraintes quotidiennes. Savoir s'amuser, c'est aussi faire preuve d'une certaine générosité envers l'autre. Si vraiment vous avez un important rendez-vous le lendemain, dites-le en début de soirée. Ainsi nous n'aurons pas l'impression d'un prétexte inventé sur le tard pour vous défiler...

Un homme adore qu'une femme fasse l'effort de rester un peu tard en sa compagnie. C'est évidemment un peu pénible lorsqu'un affreux réveil sonne à six heures du matin et que vous n'avez que quatre heures de sommeil devant vous, mais si vous vous amusez, profitez-en.

« L'addition, s'il vous plaît »

Nous le répétons : la chevalerie n'est pas morte. C'est un beau geste de la part d'une femme de proposer de payer, mais un homme digne de ce nom refusera ! Permettez-nous de suggérer que si le gros radin qui est en face de vous accepte votre offre, réfléchissez à deux fois avant de le revoir. Les hommes aiment se sentir maîtres d'une situation et ils sont fiers de pouvoir vous offrir ce moment de plaisir. Alors, détendez-vous. C'est notre tournée.

En revanche, si la soirée se prolonge, si, par exemple, il y a un dîner, puis une tournée de bars ou de boîtes plus quelques taxis, ce serait un geste gentil de votre part de proposer de participer aux frais. Un homme ne se sentira pas insulté et interprétera ce comportement comme un signe d'indépendance et de générosité. Certaines femmes plutôt vieux jeu pensent qu'il est vexant de proposer à un homme de payer quelque chose lorsque les additions s'accumulent au cours du premier rendez-vous. Elles se trompent car les temps ont changé. On ne peut vouloir à la fois revendiquer le statut de femme émancipée et continuer à jouer la carte de la passivité. C'est aussi une façon élégante de montrer que vous n'êtes pas pingre et que vous souhaitez partager à votre manière les heureux moments que vous vivez. Même s'il refuse, soyez certaine que votre compagnon vous trouvera très cool d'avoir proposé de payer.

N'oubliez pas non plus que, si une femme insiste trop dès le début pour faire *fifty-fifty*, nous risquons de nous demander si elle n'agit pas ainsi parce que nous ne lui plaisons pas vraiment. De cette manière, elle cherche à ménager d'emblée son autonomie et à ne pas culpabiliser si elle écourte la soirée ou si elle nous fait comprendre qu'elle n'a pas envie de recommencer. Bref, elle ne veut pas être en position de nous « devoir quelque chose ». Voilà pourquoi, si un type vous plaît vraiment, n'insistez pas pour payer votre part du dîner. Montrez votre esprit indépendant en rangeant votre argent et en disant : « La prochaine est pour moi. »

Tout ce que vous aurez à dire, c'est « merci ». Cela paraît idiot, pourtant pas mal de femmes oublient tout bonnement de le dire... Si vous ne savez pas manifester votre plaisir et votre gratitude pour ce petit moment de satisfaction partagé, le plus généreux des hommes aura l'impression que vous profitez de lui. Croyez-le ou non, nous nous sommes tous retrouvés à des premiers rendez-vous où nous avons dépensé de l'argent pendant toute la soirée sans en être à aucun moment remercié. Rappelez-vous : *les hommes ont toujours besoin d'être rassurés sur le fait qu'on les apprécie.*

On se revoit ?

Si un homme vous propose de vous rappeler pour un nouveau rendez-vous, et si cette idée vous plaît autant qu'à lui, soyez franche et ne commencez pas à faire des manières en mettant en avant les complexités de votre emploi du temps. Nous aimons les femmes spontanées qui ne nous obligent pas à planifier chaque instant.

Si cet homme vous plaît, il n'y a aucune raison de le cacher ou d'essayer de lui tenir la dragée haute. Encore une fois, renoncez à jouer la carte de l'indifférence ou de la froideur.

Nous ne sommes plus dans la cour de récréation d'un lycée. Jouer à de tels jeux n'amènera pas votre nouveau partenaire à courir davantage après vous. Tout ce que vous risquez de gagner c'est que, par frustration, il laisse tout tomber. Un homme mûr, qui a par ailleurs des responsabilités, n'a pas de temps à perdre à ces charades compliquées. Au pire, il vous prendra pour une enquiquineuse. Au mieux, il pensera que vous n'êtes pas intéressée et se convaincra qu'il ne veut plus vous revoir.

Protocoles d'adieux

Nous ne conseillons pas d'inviter un homme chez vous lorsque, la soirée se terminant, il vous raccompagne à votre porte. N'oubliez pas qu'il s'agit d'un premier rendez-vous... Si vous le faites, beaucoup de choses peuvent survenir qui risquent de compromettre le futur de la relation. De nombreuses pensées naissent dans l'esprit d'un homme si une femme l'invite chez elle ou si elle accepte de le suivre chez lui. Inutile, pourtant, de jouer brusquement les glaçons ou les bas-bleus effarouchés. Une femme ne risque pas de commettre un grave faux pas en se laissant embrasser au moment de se séparer. Mais n'allez pas plus loin, même si vous en mourez d'envie. Rappelez-vous : aucun homme ne veut penser que la femme de ses rêves est une femme facile. Alors, faites taire vos hormones ! Vous aurez tout le temps de vous amuser plus tard.

Pour l'instant, ne pensez qu'à ce premier baiser. Un homme comprendra toujours que c'est à lui de l'initier. Pourtant, il se peut qu'il n'ose pas, par crainte de se ridiculiser ou d'être repoussé. Si vous le sentez intimidé, embrassez-le gentiment sur la joue, il adorera ça. Il pourrait même y puiser assez de courage pour passer à la vitesse supérieure et vous faire le coup du baiser de Clark Gable à Vivien Leigh dans *Autant en emporte le vent*. Laissez-vous faire... un tendre baiser d'adieu sur les lèvres, bien donné et bien reçu, est la conclusion la plus parfaite d'un premier rendez-vous.

6. Jusqu'ici, tout va bien... mais après ?

Jusqu'ici, ça va. Vous venez de rentrer de votre premier rendez-vous avec un nouveau type très excitant. La soirée s'est bien passée. Il était charmant, séduisant, plein d'humour... Autre merveille : il a paru intéressé par ce que vous disiez... Alors que vous le connaissez depuis vingt-quatre heures à peine, vous vous sentez déjà proche de lui et très séduite. Au moment des adieux, vous avez un peu flirté et vous avez éprouvé soudain une folle envie d'arracher ses vêtements et de faire l'amour passionnément... Mais vous avez su garder votre calme et l'avez juste embrassé. Il a dit qu'il vous rappellerait. Le lendemain, toujours sur un petit nuage, vous téléphonez à votre meilleure amie pour lui faire part de votre enthousiasme. Les deux soirs suivants, vous ne sortez pas de chez vous pour ne pas rater son appel. C'est alors que l'impensable arrive : pas d'appel, pas le moindre message sur le répondeur... Rien. Au cours des deux semaines suivantes, perdant vos belles illusions, vous n'êtes plus que l'ombre de vous-même et vous n'arrêtez pas de vous demander ce qui a bien pu clocher...

Pourquoi n'a-t-il pas rappelé ?

Presque toutes les femmes se sont retrouvées dans cette situation après un premier rendez-vous qu'elles pensaient pourtant réussi. La vérité, c'est qu'un homme et une femme peuvent avoir été au même endroit au même moment et vivre des expériences complètement différentes. C'est le malentendu total alors que vous vous croyez sur la même longueur d'ondes. Le monde tournerait sans doute mieux si chaque sexe se comprenait parfaitement. Hélas, comme nous l'avons vu, ce n'est pas toujours le cas. Alors, si votre compagnon d'un soir ne rappelle pas, n'en faites pas un drame. Essayez calmement de comprendre pourquoi. Nous allons vous y aider...

Vous avez peut-être envoyé les mauvais signaux

Après cette soirée, une fois le premier enthousiasme retombé, un homme va repenser aux moments que vous avez passés ensemble. Sa balance mentale entre en action. Pour apaiser son insécurité, il va tenter de se persuader que vous voulez le revoir et analyser tous les signes que vous avez manifestés dans ce sens. S'il a le moindre doute sur son succès auprès de vous, il se pourrait bien qu'il ne vous rappelle pas, de crainte de se voir mal accueilli. Encombré par son amour-propre, il aura peut-être mal interprété votre excès de réserve et redoutera l'humiliation d'un rejet – même poli.

Chris a passé une soirée avec une femme qu'il avait rencontrée en faisant du jogging au parc un dimanche matin. Avant le rendez-vous, ils avaient parlé au téléphone un certain nombre de fois et la conversation avait toujours été très chaleureuse. Ils étaient tous deux excités à l'idée de se retrouver dans un petit restaurant tranquille. À la surprise de Chris, la jeune femme ne se montra pas du tout bavarde durant le dîner. Elle fut même presque totalement silencieuse. Chris essaya de soutenir la conversation, mais sans succès. Au cours de longues et accablantes pauses, il s'agitait sur son siège, impatient de quitter les lieux. Il n'arrivait pas à comprendre pourquoi elle était si différente de la femme ouverte et gaie avec laquelle il avait discuté au téléphone.

Il finit par se convaincre qu'il ne lui plaisait pas et décida de mettre fin à ce supplice aussi vite que possible et de ne jamais chercher à la revoir. Pourtant, à la fin de la soirée, elle s'excusa de s'être montrée si silencieuse et expliqua qu'elle était fatiguée après une longue journée de travail. Chris reconsidéra sa décision mais... le mal était fait. Sa balance mentale penchait du côté négatif, et il ne la rappela jamais.

Brad eut une expérience semblable avec une femme, mais la première soirée avait été agréable. La seconde fois, il l'invita à un dîner à quatre, en compagnie d'un collègue avocat et de sa petite amie. Ils se retrouvèrent dans un très bon restaurant dont il connaissait personnellement le chef. La nourriture était sublime, le champagne coulait à flots. Malheureusement, la nouvelle conquête de Brad ne prononça pas un mot. Elle semblait totalement atone. Comme elle se levait pour partir, elle lui avoua qu'elle avait encore une terrible gueule de bois à cause d'une sortie trop arrosée, la veille. Brad en fut très contrarié et pensa qu'elle ne devait guère lui accorder d'importance pour avoir fait la fête le soir précédent sans se soucier d'être en forme avec lui le lendemain. Naturellement, il ne la rappela pas.

Autre évidence : un premier et même un second rendez-vous ne doivent pas se transformer en match ! Certaines femmes, en effet, croient montrer qu'elles ont du caractère en se comportant de manière agressive et excessivement critique. Nous sommes frappés par le nombre de nos connaissances féminines qui se croient autorisées à démolir le type qui les sort en portant des avis négatifs sur son job, ses vêtements, ses croyances, ses intérêts ou sa famille.

Brad avait un rendez-vous avec une amie avocate qu'il avait rencontrée à une soirée. On était en période électorale et ils parlaient de la campagne. Pas de chance, ils avaient des opinions différentes sur tous les sujets. Ils s'affrontèrent sur tout, de la peine capitale à la survie des baleines. Brad aimant discuter, il s'amusait malgré tout, mais il lui semblait qu'elle essayait délibérément de le contredire. Il n'arrivait pas à comprendre pourquoi elle rejetait toutes ses idées dès le premier soir au lieu d'essayer de mieux le connaître. Il ne la rappela jamais.

Ne vous méprenez pas, les hommes n'aiment pas les femmes-carpettes et apprécient une franche polémique, du moment que celle-ci n'a d'autre but qu'une saine confrontation d'idées et non le désir de rabaisser l'autre. Nous aimons qu'une femme ait de la personnalité et qu'elle s'exprime sans contraintes. Ce qui nous fait fuir, c'est lorsqu'elle cherche à nous attaquer sur ce que nous sommes et ce que nous faisons. Nous comprenons que vous puissiez avoir vos raisons – objectives ou subjectives – pour monter ainsi au créneau dès le premier soir, mais si vraiment vous trouvez votre compagnon charmant, de grâce, arrêtez de le tourmenter en le mettant en pièces... Sinon, il préférera nager dans des eaux infestées de requins plutôt que de décrocher son téléphone et vous parler de nouveau.

Faites-lui savoir qu'il vous plaît !

Le message est le suivant : *si vous voulez qu'un homme vous rappelle, vous devez vous assurer qu'il sait qu'il vous intéresse.* Nous ne vous suggérons pas de jouer les passionnées dès le premier soir. Inutile d'en faire trop et de l'accabler de compliments qui sonnent faux. Il cherchera simplement à percevoir chez vous les signaux qui lui feront comprendre que vous vous amusez et que vous êtes heureuse en sa compagnie. Un homme a besoin que l'on flatte son ego. Montrer de l'intérêt pour sa vie et sa carrière est un bon point de départ.

Si vous voulez subtilement passer à un registre plus sentimental, *n'oubliez pas le langage du corps et ses mille petits signes.* Effleurer innocemment sa main lorsqu'il dit quelque chose de drôle, ou saisir son bras lorsque vous traversez la rue... Le jeu des regards et du sourire... autant de moyens pour le rassurer sur sa séduction.

Prenez l'initiative : appelez-le pour le remercier de cette excellente soirée

Nombre de femmes nous demandent si elles peuvent appeler un homme après la première soirée. La réponse est définitivement « *OUI* ». Un homme adore qu'une femme l'appelle le lendemain. Il sera heureux d'avoir de ses nouvelles. Ce simple coup de téléphone mettra fin aux quelques doutes qui peuvent subsister sur ses chances avec vous. Il aura également une meilleure opinion de vous parce que cet appel montre que vous l'appréciez, que vous avez du tact et que vous êtes sûre de vous. Enfin, il lui donnera confiance en lui-même.

En l'appelant pour le remercier, vous posez un poids d'une tonne sur le plateau positif de sa balance mentale et vous vous distinguez des femmes avec lesquelles il est sorti et qui l'ont rarement remercié ou qui s'attendaient à ce qu'on fasse tout pour elles. Bref, vous lui ferez une telle impression qu'il vous inscrira immédiatement dans les colonnes de sa rubrique « relations sérieuses ».

Jusqu'ici, tout va bien... mais après ?

Rich et Maria décidèrent d'aller faire du patin à glace le jour de leur premier rendez-vous. Il passa la prendre et ils partirent vers une patinoire toute neuve près du front de mer. C'était un jour d'hiver ensoleillé et gai, tout le monde avait l'air d'avoir eu la même idée. Il y avait foule sur la glace. Lorsqu'ils s'approchèrent du comptoir pour prendre des patins, ils virent un panneau qui disait : « Entrées complètes jusqu'à 16 heures ». Malheureusement, il leur restait encore trois heures d'ici là. Rich était perplexe : il n'avait pas de programme de secours. Après avoir passé un quart d'heure désagréable à essayer de trouver quelque chose à faire, il proposa en désespoir de cause de se rendre à l'aquarium situé à côté.

Dans son esprit, ce rendez-vous était plutôt mal parti, mais son idée s'avéra excellente. Ils se détendirent et passèrent un bon moment sans voir passer le temps. Ils furent surpris lorsqu'ils s'aperçurent que l'heure du dîner était déjà arrivée. Maria proposa un restaurant sympa et ils dînèrent dans une ambiance confortable et romantique. Tellement absorbés par leur conversation, ils ne se rendirent pas compte qu'il était une heure du matin et que le restaurant fermait. Le lendemain, Maria laissa un message sur le répondeur de Rich pour dire combien elle avait apprécié cette soirée en commun. Maria se distinguait ainsi du lot des femmes avec lesquelles Rich était sorti. Il fut très heureux d'entendre qu'il lui plaisait et la rappela sur-le-champ. Le soir suivant, ils sortaient de nouveau ensemble et passaient un excellent moment.

Cela dit, il arrive que tout ne soit pas aussi simple. S'il est recommandé d'appeler gentiment après une bonne soirée, n'en faites pas trop tout de même. Sinon un seul mot lui viendra à l'esprit quand il pensera à vous : *Collante !* Il perdra tout intérêt pour vous si vous téléphonez trop fréquemment.

Si vous avez apprécié la première soirée et que vous souhaitez le revoir, faites-le-lui savoir. Notre conseil est de l'appeler *une fois* le lendemain, *mais pas plus.* Si vous suivez ces simples recommandations, il y a de fortes chances pour que vous n'ayez pas à vous demander pourquoi il ne rappelle pas...

Jusqu'à quel point est-il intéressé ?

Voilà ! Il vous rappelle et vous vous retrouvez en train de bavarder joyeusement avec lui, sans contraintes. Pourtant, vous ne savez encore que très peu de choses sur ses sentiments à votre égard. Alors, essayez de vous montrer intuitive... Vous pose-t-il des questions sur votre travail ou votre famille ? Se souvient-il de ce que vous lui avez dit la veille ? Se sent-il concerné par les choses importantes de votre vie ? Essaye-t-il encore d'en savoir davantage sur vous ? Si la réponse à ces questions est « oui », alors il a une haute opinion de vous. La longueur de la conversation est également un signe de son intérêt. Cela montre qu'il vous consacre sans hésiter une part de son emploi du temps. Il a commencé à vous ouvrir sa vie.

En revanche, si les appels qui suivent la première soirée sont brefs, superficiels et peu profonds, c'est que vous ne l'intéressez probablement pas. Alors, pourquoi téléphone-t-il ? Il garde simplement les possibilités ouvertes en restant en contact avec vous. Il sort peut-être avec plein d'autres femmes au même moment, ou il vit une relation qui part en quenouille, ou il vous fait marcher dans l'espoir de coucher avec vous bientôt. Comme la vie – et surtout la vie amoureuse – n'est pas un long fleuve tranquille, ces scénarios arrivent très fréquemment, et vous devez y être préparée.

Parfois un type vous rappelle, se montre ouvert et chaleureux avec vous et, pourtant, il ne vous propose pas de sortir de nouveau avec lui. Cela peut vouloir dire deux choses : c'est un incorrigible timide... ou il vous mène en bateau. Peut-être – triste réalité – n'a-t-il que de l'amitié pour vous, sans attirance physique particulière. Ou bien, au contraire, il a envie de coucher avec vous mais ne veut pas d'une relation sérieuse. Il vous fait du charme pour que vous vous intéressiez toujours à lui et acceptiez de sortir avec lui lorsqu'il le voudra. Si vous tenez à lui, cette attitude risque évidemment de vous causer d'énormes frustrations et vous ne saurez jamais vraiment à quoi vous en tenir avec lui.

Pour y voir plus clair, vous pouvez prendre l'initiative et proposer vous-même un projet de sortie. S'il hésite à accepter, alors il vous fait marcher. Il est possible que vous lui plaisiez, mais il n'est pas honnête avec vous. Si vous continuez à vous laisser mener en bateau, votre cœur finira par saigner. Il faut oublier ce genre d'homme. En revanche, s'il répond tout de suite « oui » et que l'idée semble l'enchanter, alors c'est qu'il s'agit probablement d'un *vrai* timide.

Le *timing* du coup de téléphone peut également vous donner une indication du degré de son intérêt à votre égard. Si l'homme n'appelle pas rapidement après la soirée, il n'est pas vraiment intéressé. *Un homme qui est réellement séduit par une femme n'attendra jamais plus de deux ou trois jours pour appeler.*

S'il veut vous revoir, il fera tout ce qu'il faut pour vous contacter. S'il a des rendez-vous toute la journée, il essayera de vous appeler pendant la pause du déjeuner. S'il quitte la ville pendant une semaine, ou bien il vous le dira avant la fin de la soirée ou il vous téléphonera avant de partir. Il se peut même qu'il vous appelle pendant qu'il est au loin. Au pis, il laissera un message sur votre répondeur disant qu'il quitte la ville et qu'il vous contactera à son retour.

Si un homme prend une semaine ou plus pour vous appeler après la première soirée, laissez tomber. Il sort probablement avec plusieurs femmes et ne fera que vous ajouter à sa liste.

Situations d'échec

L'homme indifférent est facile à repérer. Il envoie des signaux que vous devriez déceler facilement. Si une femme ne lui plaît pas, il fera tout son possible pour mettre fin à la soirée au plus tôt. Il cessera de vouloir impressionner sa compagne et pourra même, s'il n'est pas un gentleman, se montrer parfois presque grossier en regardant toutes les femmes du restaurant, en se montrant familier avec la serveuse ou en abordant des sujets embarrassants ou trop franchement sexuels. Il s'attaquera à vous en plaisantant et en lançant des commentaires sarcastiques. Vous pouvez interpréter cela comme des taquineries, mais nous savons qu'aucun homme n'agirait ainsi en présence d'une femme qui le séduit et qu'il désire séduire. Même s'il a du charme, ne vous laissez pas maltraiter par un homme grossier et soyez heureuse de ne plus jamais entendre parler de lui.

Un de nos amis se rendit à un rendez-vous avec une femme qui passa la soirée à se plaindre de tout : le restaurant était trop sombre, le plat trop froid, son travail de biochimiste ennuyeux. Chaque mot qu'elle prononçait tapait sur les nerfs de notre ami. Chaque minute passée avec elle était une véritable torture. Ses yeux cherchaient dans la salle quelque chose qui pût distraire son attention. À son immense soulagement, la télévision posée sur le bar du restaurant passait un épisode de sa série favorite. Il se protégea des commentaires négatifs que sa compagne proférait sur sa voiture, son chien ou ses collègues de travail en contemplant sans se gêner la superbe poitrine de Pamela Anderson. Une attitude certes peu exemplaire mais dont nous espérons que sa compagne aura su tirer la leçon...!

Parfois, lorsqu'un homme n'est pas intéressé par une femme, il change le ton de la conversation et commence à faire des allusions sexuelles. Il parle de sujets sexuels, espérant une réaction positive qui lui permettrait de partir à l'assaut. *Il sait qu'elle ne lui plaît pas mais il essaiera de coucher avec elle.* Qu'il y parvienne ou non, il n'appellera plus jamais.

L'homme qui sort avec une autre femme est plus difficile à reconnaître. Sans doute se sert-il – plus ou moins consciemment – de vous pour tester ses sentiments à l'égard de son amie de cœur. Il a peut-être aussi des problèmes dans sa relation avec elle et a envie de changer de registre, histoire de se prouver qu'il n'est pas prisonnier de ce lien. Cet homme vous donnera rarement son numéro de téléphone, de peur que vous n'appeliez lorsque sa petite amie est là. Il ne vous proposera probablement pas non plus de sortir un soir de week-end parce qu'il réserve ces soirées-là à sa régulière. Si ce type vous plaît vraiment, mais que vous n'êtes pas sûre de sa vie privée, poussez-le dans ses retranchements en lui demandant son numéro et en exigeant un rendez-vous le week-end. S'il invente sans cesse des raisons pour s'esquiver, il se moque de vous et vous devriez le laisser tomber.

Autre spécimen : le type qui aime répéter à tout vent qu'il n'est « pas prêt » pour une relation sérieuse. Il appartient généralement à la catégorie « bel étalon qui drague chaque semaine du mercredi au dimanche ». C'est le genre d'homme qui va avancer ses pions dès le début de la soirée. Il sera très sexuel et utilisera toutes les astuces connues pour vous exciter et vous faire perdre la tête au point d'abandonner tout bon sens et de coucher avec lui. Il ne fait pas de doute qu'il offrira généreusement à boire, à dîner, et que vous passerez une excellente soirée avec lui. Il connaît tous les trucs grâce à sa longue expérience des femmes. Il sait ce qu'elles aiment et ce qu'elles veulent entendre. Si vous couchez avec lui, il se peut qu'il vous rappelle deux semaines plus tard à trois heures du matin, une nuit où il est en manque de sexe. Si vous cherchez une relation un tant soit peu durable, prenez vos jambes à votre cou, branchez constamment votre répondeur et remerciez le ciel s'il se lasse enfin et ne vous rappelle plus.

Un seul but : vous attacher l'homme de vos rêves et vous débarrasser du type à problèmes

Nous espérons que vous avez commencé à enregistrer les différents schémas qui caractérisent la genèse d'une relation amoureuse. Vous pouvez maintenant voir que ce qui aurait pu être une excellente soirée à vos yeux ne l'était pas aux siens. S'il vous plaît mais que vous avez joué la carte de la froideur ou de l'agressivité, il risque de se décourager et de ne jamais rappeler. C'est peut-être aussi un timide ou encore un dragueur qui vous fait du charme mais ne s'intéresse pas réellement à vous.

Si vous apprenez à lire les signaux que les hommes vous adressent, vous serez en mesure de déchiffrer rapidement leur caractère et leurs intentions avant de vous engager. Débarrassez-vous de ceux qui ne peuvent être qu'une source de frustration et de chagrin. Et faites un effort avec les hommes positifs dont vous sentez qu'ils sont capables de s'engager dans une relation de vrai partage.

7. Le jeu des rendez-vous

Si vous avez franchi la première soirée avec celui dont vous avez déjà pressenti qu'il est l'homme de votre vie, tenez bon : le voyage est encore long. Apprendre à connaître quelqu'un de nouveau peut être exaltant, mais négocier les futures sorties intermittentes peut se révéler troublant et difficile. C'est le moment où une relation accélère ou, *fatalitas !* s'arrête. C'est également le moment où les femmes ont tendance à s'embourber dans des relations qui ne mènent nulle part. Les hommes comprennent souvent bien plus rapidement que leurs compagnes si une relation n'a aucune chance d'aboutir à quelque chose de sérieux. Les femmes, davantage sujettes aux illusions, espèrent souvent *changer* l'homme qu'elles viennent de rencontrer pour le faire ressembler à leur idéal. Croyez-nous, c'est là un comportement dangereux et erroné. On ne change pas quelqu'un... Tout au plus peut-on le révéler à lui-même, l'aider à s'accomplir. Mais certainement pas transformer sa nature profonde. Dans l'esprit d'un homme, la différence entre une partenaire momentanée et une femme avec des « potentialités d'épouse » est claire comme le jour. Mais ce qui est limpide pour lui, ne l'est pas toujours pour vous. Et ne comptez pas sur lui pour vous expliquer ce qu'il ressent à votre égard. Nous vous l'avons déjà dit : nous ne sommes pas bavards dès qu'il s'agit de parler de nos sentiments. Aussi sortez toute votre panoplie d'intuitions et mettez-vous au travail.

Jusqu'à quel point ses intentions sont-elles sérieuses ?

Vous pouvez deviner le sérieux des intentions d'un homme à la *fréquence et au calendrier* de vos rendez-vous. Nous sommes tous sortis avec des femmes qui nous plaisaient et avec lesquelles nous prenions du bon temps. Pourtant, nous n'avions aucune intention de pousser plus loin la relation. Lorsqu'elles nous demandaient pourquoi nous ne les voyions pas plus souvent, nous inventions une excuse après l'autre. Nous pensions qu'il était évident pour elles aussi que notre relation ne deviendrait jamais sérieuse. Certaines femmes, pourtant, ne parvenaient pas à voir l'évidence, s'attachaient trop et finissaient blessées.

Si vous le voyez plus d'une fois par semaine, mais que les soirées n'ont jamais licu lc week-end, il n'a pas encore décidé jusqu'à quel point vous comptez pour lui. Les soirées de fin de semaine sont généralement des moments privilégiés de détente en famille ou avec les amis. S'il ne déroge pas à cette tradition, c'est que vos charmes ne l'ont pas convaincu de rompre avec ses sacro-saintes habitudes...

L'éternel dragueur

Même s'il vous propose sorties après sorties, y compris pendant le week-end, et qu'il est très attentionné, faites attention. Cette cour assidue est peut-être tout simplement destinée à vous attirer dans son lit le plus vite possible. Son plan est de vous faire croire que vous êtes aussi liés que de vieilles connaissances alors qu'en réalité vous ne vous fréquentez que depuis deux semaines. Même si vous êtes convaincue que vous avez tous deux quelque chose de spécial en commun, ne couchez pas trop tôt avec lui : une fois l'acte consommé vous observeriez de rapides changements. Il serait déjà en train de courir après sa conquête suivante, vous laissant désemparée et blessée.

L'inexpérimenté

Il existe d'autres types qui font avancer les choses rapidement, mais ne cherchent pas le sexe et se désintéressent de la question aussi vite qu'ils s'y sont investis. C'est généralement le cas d'hommes qui n'ont pas l'habitude de sortir souvent avec des femmes. Un homme qui n'a pas eu beaucoup d'aventures peut commencer à sortir fréquemment avec vous au début parce qu'il se plaît en votre compagnie et que ce genre de distractions lui paraît nouveau.

Dès que les choses avancent et que la nouveauté disparaît, il risque de perdre soudain tout intérêt et de se réveiller un jour en réalisant qu'il se trouve engagé dans une relation qui ne l'intéresse pas réellement. Malheureusement, il n'y a pas de signaux clairs – à part son évidente inexpérience – qui vous permettent de ne pas finir blessée ou déçue par pareil homme. Il n'y a pas grand-chose que vous puissiez faire. Mais ce n'est pas une raison pour vous battre la coulpe et vous en vouloir si ça n'a pas marché. *Classez ce genre d'expérience à la rubrique « Pertes et Profits »*. Ne faites pas un drame de vos échecs. C'est le tissu même de la vie.

Ceux qui essaient de se consoler avec vous

Certains hommes vont aller très vite avec vous parce qu'ils viennent juste de rompre avec leur petite amie. Lorsqu'une relation qu'ils trouvaient agréable cesse brusquement, ils essayent de retrouver dès que possible une situation similaire. Une femme est un doux édredon ! Ils souhaitent continuer à avoir quelqu'un à appeler tous les jours. Ils veulent « coucher » de manière régulière. Il ne savent pas ce que c'est qu'être seuls. Et, surtout, ils n'ont plus aucune idée de ce qu'ils veulent vraiment. Autant dire que les femmes qui ont la malchance de tomber sur ce genre d'hommes s'exposent à être blessées. Ou bien il retournera avec son ancienne petite amie, scénario plus fréquent qu'on ne le pense, ou bien il se rendra compte qu'il a besoin de temps libre pour lui-même.

L'une de nos connaissances tomba ainsi amoureuse d'un type qui venait de rompre. Il était très attentionné, séduisant, intelligent, sincère – bref, le genre que les femmes adorent. Une semaine après que sa compagne l'eut laissé tomber, notre amie commença à sortir avec lui et, à peine un mois plus tard, s'installait chez lui. Ils faisaient l'amour tous les jours, il lui répétait sans cesse combien il était fou d'elle. Ils faisaient de la moto, du ski, parlaient des heures entières, cuisinaient en amoureux. Huit mois plus tard, notre amie, profondément éprise, ne concevait pas son avenir sans lui. Un jour, alors qu'elle préparait le dîner, il lui annonça calmement qu'il retournait avec son ancienne petite amie et qu'ils devaient se séparer. Elle fondit en larmes. Il lui fallut deux ans pour se remettre. Moralité : évitez les hommes qui sont en rupture de ban. C'est une situation souvent vouée à l'échec.

« Bonne... en attendant de trouver mieux »

Avez-vous déjà eu une relation à laquelle vous consacriez beaucoup de temps mais qui manquait d'intensité ? Peut-être que le nouvel élu de votre cœur vous appelait régulièrement chaque semaine, parfois pour fixer un rendez-vous, parfois juste pour bavarder de tout et de rien. Vous ne parliez jamais ensemble de votre avenir. Vous ne passiez aucun moment ensemble hors de la chambre à coucher. Rien de sérieux, en somme.

Combien de fois des situations de ce genre vous ont laissée désemparée, voire blessée ? Et pourtant... tous les signes qui vous permettaient de prévoir cette conclusion étaient là. Il vous parlait souvent mais la conversation manquait de substance. Il vous appelait simplement pour faire acte de présence, pour s'assurer que vous étiez toujours là, disponible. Il ne vous invitait pas à sortir de manière régulière et la relation ne progressait pas comme vous l'auriez espéré. Vous tentiez de vous accrocher en espérant qu'il s'attacherait de plus en plus à vous avec le temps, et en acceptant même d'être traitée plus mal que vous ne l'auriez souhaité. Finalement, la relation n'a mené nulle part et, un beau jour, il a disparu sans un mot. Pourquoi ? Parce que vous n'avez toujours été, à ses yeux, qu'une aimable façon d'attendre mieux... Triste vérité ! Tournez vite cette page frustrante de votre vie et reprenez courage ! L'homme de vos rêves *existe*.

Si vous avez un doute, parlez-lui

Suivez nos conseils. Si les choses ne vont pas comme vous le souhaitez et que vous n'êtes pas traitée comme vous le méritez, ayez du courage et prenez les mesures qui s'imposent. Si vous êtes certaine qu'il vous considère comme une femme « juste bonne pour un moment », arrêtez de le voir. *Il ne changera pas pour vous.* Si, au contraire, vous n'êtes pas sûre de votre statut, dites-lui ce que vous ressentez. C'est la meilleure façon de réveiller un type qui vous fait marcher ou qui flotte lui-même dans le brouillard. Il comprendra votre exigence d'être bien traitée et votre désir de ne plus continuer ainsi. S'il ne veut pas passer à la vitesse supérieure, vous devez alors partir. S'il ne veut pas vous perdre, il prendra conscience que vous méritez d'être mieux traitée. Un homme ne laissera *jamais* partir une femme qui a de bonnes potentialités. Donc, à long terme, il vaut mieux que vous lui parliez.

Que devez-vous dire ? Si vous êtes sortis ensemble occasionnellement pendant un certain temps et que vous n'êtes pas sûre de ses sentiments, il y a des moyens de le forcer à se découvrir sans pour autant vous lancer dans une scène mélodramatique. Dites-lui simplement que vous aimez être avec lui et que vous avez envie de partager plus de temps. Observez sa réaction. S'il élude la conversation et cherche mille échappatoires, la relation n'ira nulle part.

Une fille avec laquelle Chris sortait de temps à autre prit une initiative de cette sorte. Elle lui plaisait et ils passaient de bons moments ensemble, mais il ne voyait pas d'avenir avec elle. Ils allaient dans les bars du quartier, buvaient quelques verres, jouaient aux cartes. Ces soirées se terminaient souvent dans la chambre à coucher. Chris en était parfaitement satisfait, mais la fille avait besoin de plus et, un beau jour, le lui dit franchement. Lorsqu'elle comprit que Chris refusait de s'engager plus sérieusement, elle mit fin à la relation. Elle alla voir ailleurs et se trouva un petit ami qui lui donna tout ce dont elle avait besoin. Parce qu'elle avait eu le cran de faire savoir ce qu'elle voulait vraiment, elle s'épargna ainsi d'inutiles peines de cœur.

Évaluez la qualité de son attention

Vous pouvez juger du sérieux d'un homme à la qualité de l'attention qu'il vous porte. Un homme avec des intentions sérieuses sera honnête et parlera ouvertement. Il vous appellera à votre travail et même tard le soir, discutera avec vous de sujets intéressants et personnels. Il ne va pas juste vous raconter sa dernière gueule de bois à Acapulco, ou ses virées entre copains. Il vous parlera de sa famille, mentionnera même le fait que vous puissiez un jour la rencontrer. Le sérieux et la qualité de sa conversation devraient vous faire comprendre qu'une relation plus signifiante est en train de se développer.

Lorsque nous nous sentons ainsi investis dans une relation, nous donnons à la femme qui nous intéresse la priorité dans de nombreux domaines. Si elle a un problème de santé, nous nous inquiétons d'elle et tentons de lui montrer combien cela nous concerne. Nous nous soucions vraiment de son bien-être. De la même manière, si elle a une entrevue importante pour un boulot, ou si elle attend des résultats d'examen, nous sommes avec elle, nous la conseillons, nous lui remontons le moral.

Il existe un autre moyen de juger si un homme vous considère ou non comme quelqu'un avec un

« avenir sérieux » : se désintéresse-t-il soudain du sexe ? Il se peut alors que vous n'ayez été qu'une intérimaire, en attendant qu'il rencontre celle qui lui plaise vraiment. Aussi bonne qu'ait été la relation sexuelle à ses débuts, si nous ne nous soucions pas profondément de notre partenaire, notre désir pour elle se dégrade assez rapidement.

À l'instar des femmes, une attirance peut facilement se transformer en répugnance sexuelle. Lorsque nous faisons l'amour avec une femme qui ne nous inspire pas – ou plus – de sentiments, que cela prenne une semaine, un ou six mois, cette lassitude prend le dessus. Notre corps désire copuler mais notre esprit dit non. Finalement, nous perdons tout intérêt pour le sexe et essayons de l'éviter. Nous prétendons être fatigués, nous faisons semblant de dormir. Alors que, avec une femme que nous aimons vraiment, cette usure n'opère jamais et la sexualité garde toute son intensité.

Voilà pourquoi, en mesurant la qualité de son attention à votre égard, et cela dans tous les domaines de la vie, du plus insignifiant au plus essentiel, vous pouvez évaluer ses intentions. Lorsque vous saurez comment vous débarrasser des hommes qui ne vous sont pas réellement attachés, vous vous retrouverez libre de vous engager enfin dans des relations plus prometteuses.

Déblayez le terrain pour celui qui vous mérite

Quand vous avez entrevu la possibilité d'une relation à long terme avec une nouvelle rencontre, vous devez passer du temps ensemble et observer ce qui se développe. Il arrive en effet que des relations pourtant solides en apparence se disloquent brutalement pour des raisons idiotes. Ces relations se délitent parce que les hommes et les femmes passent leur temps à être défensifs, à cacher leurs sentiments, à manquer de courage et d'honnêteté envers leur partenaire. Ils en oublient d'être tout simplement gentils et attentionnés l'un avec l'autre.

Faites-lui des compliments

Si vous vous souciez de lui, montrez-le. Les hommes aiment recevoir des compliments. Tout comme vous, ces derniers les aident à vivre, à avoir confiance en eux. Dites-lui combien vous le trouvez séduisant, complimentez-le sur certains de ses vêtements, sur son comportement. Parlez-lui de la bonne impression qu'il fait sur vos amis ou sur votre famille. Intéressez-vous à son travail, à ses compétences. Encouragez-le chaque fois que vous le pouvez.

Les compliments ont sur les hommes d'étranges effets. Si un homme emmène une femme au restaurant et qu'elle déclare que la nourriture est délicieuse, il aura aussitôt l'impression que c'est lui qui a attrapé ce poisson ou tué ce bœuf, qui l'a assaisonné et cuisiné à la perfection. S'il emmène une femme au cinéma, qu'elle aime le film et qu'elle le lui dit, il sera aussi fier que s'il avait dirigé et produit lui-même ce film. Vos compliments lui donnent confiance et le rendent heureux. Ils lui montrent que vous êtes sensible à ses choix, à ses besoins, que vous faites un effort conscient pour qu'il se sente bien. *Une fois qu'il sait cela, il se sentira plus à l'aise pour vous rendre la pareille et s'ouvrir à vous.*

Tout le monde aime être apprécié. Lorsque l'on est quelqu'un d'équilibré, les compliments sont une véritable source d'énergie et non de vanité. Il n'y a rien qu'un homme apprécie plus que de se sentir reconnu et estimé par la femme qui lui plaît.

Offrez-lui des cadeaux

Les femmes peuvent être généreuses avec les hommes aussi bien en actes qu'en paroles. N'ayez pas peur de casser votre tirelire de temps en temps ! Un petit présent peut avoir de grands effets. Les hommes adorent que les femmes leur proposent, un soir, de les inviter dans un bon restaurant. Tout comme ils raffolent de petits cadeaux inattendus. N'attendez pas Noël ou son anniversaire. Montrez-vous inventive et généreuse. Inutile de vous lancer dans des dépenses excessives. Ce n'est pas l'argent mais le geste qui compte. Nous sommes toujours choqués d'entendre des femmes prétendre qu'elles n'ont pas à payer pour quoi que ce soit lorsqu'elles couchent avec un homme avec lequel elles sortent. Elles estiment sans doute que leur corps est une compensation suffisante... C'est faire peu de cas de soi-même et de l'autre ! Les hommes n'aiment pas cette mentalité et ce qu'elle laisse entrevoir.

Nous savons qu'il est souvent difficile pour une femme de choisir quelque chose qu'un homme aimera et dont il va se servir. Voici donc quelques règles qui vous éviteront certains faux pas :

Achetez-lui ce qu'*il* aime et non ce qui *vous* plaît. Si vous détestez la musique classique alors qu'il est un inconditionnel de Chopin, offrez-lui l'intégrale des *Nocturnes*. Si, au contraire, il est très jazz et vous pas du tout, demandez conseil à votre disquaire afin d'être certaine de lui acheter ce qui lui fera plaisir. Ne forcez pas trop la note côté fleurs. À moins d'être un jardinier émérite, un homme est rarement bouleversé par un bouquet de roses. S'il en achète, c'est pour vous...

Ne lui offrez pas quelque chose qui n'est *absolument pas son style.* Il risque de penser que vous essayez de le changer et il vous en voudra. Ainsi, n'achetez pas à un homme une eau de toilette trop typée et qu'il n'a jamais portée. Même si c'est un produit de luxe. Évitez aussi les cadeaux embarrassants, comme une cravate d'un style très différent de celles qu'il porte habituellement ou, encore, une chemise ou un pull trop sport ou trop sophistiqué pour lui. Ici encore, tout est affaire d'intuition et de tact. Laissez aussi de côté les cadeaux utilitaires, notamment les draps, les serviettes ou la vaisselle, trop domestiques et personnels. Il risque de penser que vous songez déjà à emménager ! Préférez plutôt des petits bibelots : une bougie parfumée, un tableau, un cendrier, etc.

Évitez aussi le portefeuille ou l'agenda. Les hommes sont difficiles sur ce sujet. À moins que vous ne soyez au courant de son système informatique, n'essayez pas non plus de lui offrir un logiciel qui risquerait de ne pas être adapté et de finir dans un tiroir.

Si vous venez juste de commencer à sortir ensemble, ne lui donnez pas un portrait encadré de vous-même, ou de vous deux. Ce serait dévoiler trop vite ce que vous attendez de lui !

Faites-lui la cuisine

Inutile d'être grand clerc pour savoir que les hommes ont un faible pour les femmes qui leur font la cuisine. Brad sortait avec une fille qui adorait lui préparer d'excellents petits plats. Ravi, il le raconta à tout le monde, et même à sa mère ! N'oubliez pas qu'il est important de se gagner les faveurs d'une belle-mère en herbe... Elle a souvent une influence décisive sur l'élu de votre cœur ! Ce qui devait arriver arriva : la mère de Brad aima immédiatement cette fille parce qu'elle prenait bien soin de son « petit » garçon bien-aimé. Et elle encouragea vivement son rejeton à poursuivre cette relation...

Bref, n'hésitez jamais à vous montrer généreuse. Quel que soit le moment, pensez à offrir à votre cher et tendre un petit cadeau et faites-lui la cuisine de temps en temps. Il saura à quel point vous tenez à lui et cela renforcera les liens entre vous.

Si vraiment vous ne savez pas cuisiner ou si vous n'avez pas le temps, faites-vous livrer et invitez-le. La petite amie de Rich était trop occupée pour cuisiner mais elle voulait faire quelque chose pour lui montrer qu'elle l'appréciait. Elle passa commande chez le traiteur du coin, choisit un excellent vin, dressa un joli couvert, alluma des bougies et plaça un bon disque sur la platine. Après quoi, elle enfila sa plus belle robe. Rich passa une soirée délicieuse et lui en fut très reconnaissant.

Soyez solidaires

Tout homme qui sent que vous vous souciez de lui vous en aimera d'autant plus. Durant toute la relation qui l'unit à Rich, Maria manifesta toujours une constante compréhension envers son emploi du temps agité. Lorsqu'ils se rencontrèrent, il était en première année d'internat et passait de nombreuses nuits à l'hôpital. Elle ne lui en voulut jamais et ne lui fit aucune scène à ce sujet. Au contraire, parce qu'elle comprenait la situation, elle appréciait d'autant plus chaque moment de temps libre qui leur permettait de se retrouver enfin.

Elle ne cessa pas pour autant sa vie sociale avec ses propres amis. Lorsque Rich travaillait, elle se consacrait à toutes sortes d'activités. Elle permit ainsi à Rich de comprendre qu'elle se souciait vraiment de lui et donnait à leur relation une chance d'évoluer. La plupart des filles avec lesquelles il était sorti auparavant n'étaient pas capables de s'adapter à cet emploi du temps chargé. Très vite, Rich considéra Maria comme la femme la plus attentionnée, la plus généreuse, la plus gentille et la plus indépendante qu'il ait jamais rencontrée. Il tomba follement amoureux et se fiança avec elle la même année.

S'engager

Lorsque votre relation à tous deux deviendra plus sérieuse, vous allez vous voir plus souvent et dans toutes sortes de situations différentes. Vous allez faire des tas de choses à deux : acheter des vêtements ou du mobilier pour son appartement, courir ensemble le dimanche, réparer votre chaîne stéréo ou repeindre sa cuisine ! Grâce à ces activités du quotidien, vos liens se resserrent et vous devenez de plus en plus importante à ses yeux. Peu à peu, votre nouvel ami se sent l'envie d'apporter quelques changements dans son mode de vie. Il veut être de plus en plus disponible pour profiter de vous, ce qui signifie moins de sorties avec ses copains et, naturellement, d'autres femmes. Tout à coup, il réalise qu'il a vraiment une « petite amie », que vous êtes devenue sa compagne de tous les instants, quelqu'un qui signifie beaucoup pour lui. Plus important encore, il s'aperçoit qu'il est de plus en plus vulnérable et qu'un simple malentendu entre vous le fait souffrir. Ses puissantes émotions à votre égard lui donnent l'impression de perdre le contrôle. Il s'en trouve à la fois heureux et... malheureux. Les hommes détestent devenir prisonniers de leurs sentiments.

Il sera pourtant honnête avec lui-même. Il sait que vous avez désormais un incroyable pouvoir sur lui. Il se rend compte que, si vous le quittez, il sera une loque. Peut-être cherchera-t-il à se protéger et à résister encore, de peur de perdre ce qui lui reste de liberté. C'est dans la nature masculine de rester libre et sans engagements aussi longtemps que possible quels que soient par ailleurs les sentiments éprouvés.

Ne soyez pas « pushing » pour parler d'avenir

Pourquoi les hommes sont-ils si terrifiés, voire totalement pétrifiés à l'idée de tomber amoureux et de s'engager avec une femme ? L'un des petits jeux de notre Créateur a été de faire aimer l'engagement aux femmes et la liberté aux hommes. Bien sûr, nous avons besoin, tout comme vous, d'une relation profonde et stable, mais nous la redoutons en même temps. Si nous pouvions faire à notre guise, nous ne parlerions *jamais* d'engagement.

Ce sont les femmes qui ont besoin d'amener ce sujet sur le tapis et qui, dès qu'elles se sentent amoureuses, échafaudent des projets d'avenir. Les hommes, eux, préfèrent attendre que leur compagne prenne les devants.

Sachez-le cependant, il y a un bon et un mauvais moment pour aborder cette question cruciale de votre avenir à deux. Là encore, un mauvais choix risque de tout faire basculer. Brad sortait avec une femme depuis environ deux mois lorsque, un beau jour, tandis qu'ils flânaient chez Tiffany, elle le tira brusquement vers le comptoir des bagues de fiançailles. Il détesta se voir ainsi forcer la main alors qu'il ne s'était même pas encore engagé dans une relation exclusive avec elle ! Au lieu de parler mariage, ils se disputèrent et rompirent peu après. Ne cherchez donc pas à forcer les choses, cela déroute complètement les hommes. Ils pensent que vous êtes davantage obsédée par le mariage en lui-même que par vos sentiments à leur égard. Lorsque les femmes mettent la pression trop tôt, les hommes se referment ou se volatilisent. Alors détendez-vous et laissez la relation se développer naturellement.

Certains liens évoluent lentement, d'autres plus rapidement. Pourquoi vouloir aller plus vite que le vent ? Le temps est un grand maître qui opère à son rythme. Lorsque la relation amoureuse grandit, vous commencez à prendre vos vacances ensemble, à partir en week-end, à fréquenter vos familles respectives, à évoquer des projets d'avenir communs. Si vous voyez votre petit ami de manière régulière, surtout le week-end, et que vous dormez dans l'appartement de l'un et de l'autre, si votre vie sexuelle est satisfaisante, il est probable que votre compagnon sait aussi bien que vous qu'il s'engage dans une relation durable et sérieuse.

Bien sûr, il arrive toujours un moment où l'on éprouve le besoin de regarder la réalité en face et d'évaluer la relation dans laquelle on se trouve. A-t-elle un avenir ? S'agit-il juste d'une aventure qui, comme toutes les autres, va se transformer bientôt en vague souvenir ? Vous avez tout à fait le droit de savoir où vous en êtes et, pour cela, de commencer à en parler à votre partenaire. Tout ce que nous conseillons, c'est de vous montrer patiente et de lui laisser le temps et l'espace dont il a besoin pour s'engager avec vous et avec vous seule.

S'il vous paraît important d'élever le niveau de la relation jusqu'à l'engagement, dites-le-lui sans qu'il se sente sous pression et... cerné ! Nous vous conseillons d'évoquer le sujet à un moment où il est détendu, par exemple après un agréable dîner ou après avoir fait l'amour.

Il se peut qu'il évite le sujet sur le moment pour se ménager du temps et y réfléchir, mais il comprendra néanmoins qu'il est dans l'obligation de vous répondre tôt ou tard. Résistez cependant à l'idée de lui poser un ultimatum. Cela pourrait entraîner une réaction de défense.

Rich et Maria sortaient ensemble depuis un certain temps et, sans se l'avouer, ils commençaient l'un et l'autre à penser à un engagement plus sérieux et à échafauder en silence des projets d'avenir. Rich savait qu'il aimait Maria mais, comme la plupart des hommes, il avait peur malgré tout d'aliéner sa chère liberté en lui proposant une vie à deux. Il ne savait pas comment exprimer ses sentiments et ses émotions. Pour finir, il n'en parla pas à Maria, espérant qu'elle comprendrait par elle-même la profondeur de son attachement.

Maria, de son côté, rêvait d'entendre Rich s'engager verbalement. Elle attendit plus longtemps qu'elle ne l'aurait voulu et, de guerre lasse, se décida à aborder un beau jour la question. Mais, imprudente, elle se crut obligée de lui fixer un ultimatum : « Si tu considères notre relation comme sérieuse, plus question que tu voies d'autres femmes. Si, au contraire, tu ne veux pas t'engager avec moi, dis-le tout de suite, je partirai. » Rich n'apprécia pas du tout cette mise en demeure. Il fut stupéfait de voir cette femme qu'il croyait si douce, si tolérante, le sommer de façon aussi catégorique de se prononcer sur ses sentiments. Il avait l'impression d'être agressé et coincé. Dans une réaction défensive et idiote d'orgueil mâle, il rétorqua sèchement : « Je ne suis pas prêt à m'engager avec toi. » Naturellement, la conversation tourna à l'aigre.

Après dix jours de fâcherie au cours desquels ils ne s'adressèrent pas la parole, ils finirent par hisser le drapeau blanc. Maria expliqua à Rich qu'elle l'aimait vraiment et qu'elle espérait qu'ils feraient leur vie ensemble. Comme il se sentait dans les mêmes dispositions, Rich le lui avoua. C'était la première fois qu'ils parlaient ouvertement de leurs sentiments respectifs et ce fut un moment capital de leur relation. Parce qu'il ne se sentait pas agressé ni contraint de s'expliquer, Rich fut suffisamment détendu pour laisser parler son cœur. À la fin de leur entretien, ils savaient plus que jamais combien ils tenaient l'un à l'autre.

Le meilleur moyen d'amener un homme à s'engager verbalement – soit à vivre avec vous, soit à se marier – est d'éviter d'exercer des pressions sur lui ou de le forcer à exprimer des sentiments alors qu'il n'est pas encore prêt. Les hommes ne sont pas stupides : ils savent où se trouve leur devoir. Ils détestent simplement être mis au pied du mur. Alors donnez-nous du temps.

Au lieu de vous montrer trop autoritaire, faites jouer votre intuition et tâchez de percevoir en silence les signes de son attachement. Il peut arriver, malheureusement, que vous constatiez que vous vous êtes engagée sur une mauvaise voie. *Si vous avez, à maintes reprises, essayé de l'amener à s'engager verbalement et à vous inclure pour de bon dans sa vie et s'il n'a rien changé à ses habitudes de célibataire, alors n'hésitez plus : c'est le moment de partir.*

Ne vous laissez pas embringuer dans des relations qui ne mènent nulle part

Comme nous l'avons vu, les hommes qui n'ont aucune intention de s'engager sont assez faciles à repérer. Quand vous avez évalué la piètre qualité de son attention et compris qu'il n'était pas intéressé, vous pouvez – avec élégance et assurance – virer ce type de votre vie. Ce sont les hommes ambivalents, ceux qui s'installent dans l'attitude plus hypothétique du « rien faire et laisser dire », qui sont plus difficiles à reconnaître. Ils profitent peut-être de vous et ne songent aucunement à se défaire de leurs habitudes égoïstes. Pour ces hommes-là, la seule idée d'être mis en demeure de s'engager les fera partir en courant. Mais, cette fois, vous ne perdrez pas au change...

Si, au contraire, vous savez que c'est bien l'homme de votre vie, accordez-lui le temps de s'habituer à l'idée d'une vie à deux, de se forger la certitude que vous êtes la femme qu'il lui faut. Cette prise de conscience est généralement plus lente chez les hommes. Si vous êtes généreuse et confiante, cela rendra les choses plus faciles. Ne posez pas d'ultimatum. Entamez calmement une discussion sur vos sentiments respectifs afin de lui faire comprendre qu'il est temps de passer d'un flirt encore juvénile à une relation plus mûre.

8. Le sexe

Première évidence : les hommes n'avoueront jamais aux femmes leurs vrais fantasmes, de peur de les voir prendre leurs jambes à leur cou – ou de susciter une émeute !

Naturellement, en public, ils se présentent sous leur meilleur jour et se gardent bien de se vanter de leurs obsessions secrètes. Il est donc grand temps de remettre les pendules à l'heure et de révéler aux femmes la vérité sur les désirs sexuels les plus intimes de leurs partenaires masculins – présents ou futurs. Âmes trop sensibles ou désespérément romantiques s'abstenir. Les autres, accrochez vos ceintures et préparez-vous à encaisser quelques secousses sismiques. Qui a dit que le sexe était quelque chose de joli et de toujours raisonnable ?

Première question qui torture la plupart des femmes : faut-il *lui* céder au premier rendez-vous ? Considérez d'abord combien il est courageux de la part des auteurs de se risquer à répondre à une question aussi cruciale. Si, en effet, nous osons révéler les pensées les plus intimes de nos congénères masculins, nous allons leur couper l'herbe sous le pied et nous faire des tas d'ennemis. D'un autre côté, nos âmes généreuses s'émeuvent des terribles méconnaissances de nos consœurs en matière de psychologie sexuelle masculine. Voilà pourquoi nous allons bravement éclairer leur lanterne.

Donc, vous vous demandez toutes s'il est stratégiquement recommandé de lui ouvrir votre lit dès la première rencontre. La réponse est « non ». Avant de développer les tenants et les aboutissants de cette question infiniment complexe, n'oubliez pas de vous répéter sans cesse ce postulat incontournable : en matière de sexe, les hommes ne pensent pas comme les femmes.

Un homme ne s'indigne nullement d'attendre des femmes une morale sexuelle bien plus stricte que celle qu'il applique à lui-même. Tout d'abord, aucun homme ne veut admettre que sa petite amie – et *a fortiori* sa femme – est (ou a été) une femme facile. Un raisonnement qui vous paraîtra peut-être vieux jeu mais qui est pourtant toujours d'actualité. Lorsqu'un homme jette son dévolu sur vous, il aimerait effacer d'un coup de baguette magique toutes vos expériences sexuelles passées. La seule idée de vous imaginer en train de faire l'amour avec un autre le rend malade. Comprenez-nous bien : il n'y a pas que vous qui rêvez d'être l'*unique* partenaire de l'élu de votre cœur. Alors, si une femme couche avec un homme dès le premier soir, quoi qu'elle dise, ce dernier pensera qu'elle est facile.

Quand vous vous jetez à son cou dès votre premier rendez-vous, une douloureuse question le ronge aussitôt : est-ce qu'elle fait cela avec tout le monde ? Vous allez immédiatement nous rétorquer que cette question vous vous la posez aussi à son sujet. La preuve ? Si jamais vous vous laissez aller à tomber tout droit dans ses bras le premier soir, vous ne manquez pas de lui susurrer à l'oreille après vos ébats amoureux : « Tu sais, d'habitude je ne fais *jamais* cela. » Tss tss ! Pour qui nous prenez-vous ? Vous vous imaginez peut-être qu'on va avaler ça ? (Tant pis pour celles qui étaient sincères !) Pis, même. Alors que vous reposez, tout ébouriffée, au creux de son épaule et que vous croyez naïvement qu'il est encore étourdi par votre grâce torride et vos charmes inégalables (ce dont nous ne doutons pas), il compte secrètement les minutes qui le séparent de votre vertueuse déclaration d'innocence. Affreux, n'est-ce pas ?

Il en va de même si vous vous enhardissez à pratiquer une fellation dès le premier soir. Ainsi en est-il des contradictions humaines ; alors que vous l'imaginez en pleine béatitude, il se demande sournoisement : « Bon sang, pourquoi fait-elle ça ? On se connaît à peine ! Il y a deux heures encore, on était au restaurant à échanger des banalités d'usage et voilà que, maintenant, je me retrouve avec mon pénis dans sa bouche... Comment en sommes-nous arrivés là ? » Vous ne nous croyez pas ? Eh bien, détrompez-vous. La plupart des hommes sont absolument ahuris d'arriver à leurs fins aussi facilement. Ils se vantent d'être des tombeurs mais, quand une jolie fille leur tombe toute chaude dans les bras, ils s'effarouchent comme des premiers communiants et la trouvent brusquement un rien vulgaire...!

Première règle : n'oubliez jamais que, lors de vos premières rencontres, vous serez pesée, jaugée, mesurée et testée. Si votre partenaire se met à penser que vous appartenez à la catégorie des aventurières (madones des sleepings, écrémeuses de comptoirs, ratisseuses de plages, etc.), il va se demander avec angoisse : « Combien de types a-t-elle croqués ainsi avant moi ? » Pour se remonter le moral, il essaiera de se convaincre que vous êtes le genre cœur de glace dans un corps de braise. « Profitons-en, pensera-t-il. Mais pas question de lui présenter ma maman. »

Conclusion : après une telle entrée en matière, ne vous étonnez pas de le voir troquer sa panoplie de prince charmant contre celle du yéti affamé.

La vérité est que, sous leurs airs bravaches, les hommes sont – en matière d'amour, du moins – bien plus conservateurs et idéalistes que les femmes. Assertion qui, nous n'en doutons pas, vous plongera dans un abîme de perplexité. Expliquons-nous : s'il est vrai qu'un célibataire sans attaches ne manquera pas de sauter sur toutes les bonnes occasions (toujours trop rares à son gré) de prendre du bon temps, il n'en gardera pas moins au fond de lui l'image idéalisée de la femme parfaite qu'il cherche depuis toujours. L'Unique, la Magique, l'Exceptionnelle (majuscules obligatoires), celle qui le consolera des blessures de la vie, le comprendra, le bercera dans ses bras éternellement ronds et laiteux et qui, tous les jours, lui répétera qu'il est le plus beau, le plus intelligent, le plus gentil, le plus drôle, etc. Celle pour qui il ira au bout du monde et se fera teindre en blond si elle le lui demande ! Celle qui, chaste et pure, n'aura jamais connu l'amour avant lui (non mais !) et lui restera fidèle toute sa vie. Bref, *celle qu'il épousera*.

Nous en entendons déjà parmi vous qui se disent : « C'est bien joli, tout ça, mais la comédie de l'indifférence, très peu pour moi. Vous ne connaissez pas... (insérez ici le nom de l'homme que vous brûlez de séduire). Je suis folle de lui. Comment lui résister le jour où, *enfin*, il m'invitera à dîner ? »

Imaginons le scénario : vous l'avez rencontré à une soirée et, sous le charme, avez bavardé une heure ou deux avec lui. Puis vous lui donnez votre numéro et, les jours suivants, vous passez votre vie à côté du téléphone, le regard fixe, les mains moites, en essayant de vous remémorer les prières les plus efficaces pour que votre sainte patronne le persuade de vous appeler. Comme cela ne marche pas encore, vous vous enhardissez à téléphoner à des amis qui le connaissent pour en apprendre discrètement un peu plus sur son compte. Et voilà justement qu'on vous confirme vos excellentes premières impressions. Oui,... (remplir la case) est un type formidable, drôle, bien élevé, affectueux, etc.

Enfin, un jour, « il » vous appelle et vous invite à dîner le vendredi suivant. La conversation au téléphone s'éternise, vous vous découvrez de plus en plus de points communs, bref, vous vivez les plus grandes heures de votre existence. Sur ce, à votre plus grande joie, « X » décide qu'il n'a plus envie d'attendre vendredi pour vous revoir et vous propose un rendez-vous pour le lendemain. Naturellement, vous acceptez avec enthousiasme. Après avoir raccroché, vous brûlez d'appeler votre meilleure amie pour lui dire à quel point ce type vous paraît parfait. Vous réalisez alors qu'elle est sûrement en plein sommeil et qu'elle n'apprécierait pas votre coup de fil. Finalement, vous vous glissez sous votre couette, le cœur encore battant, et vous vous endormez en rêvant de lui...

Le soir suivant, il vient vous chercher pour vous emmener dîner dans un grand restaurant, boire du vin et parler à cœur ouvert. Sur le seuil de votre maison, le baiser d'adieu est meilleur que vous l'auriez imaginé. Vous lui proposez d'entrer quelques minutes parce qu'il fait un peu froid dehors. Sans vous en rendre compte vous vous retrouvez au lit, nus tous les deux, et en train de faire l'amour follement et passionnément. Après avoir dormi deux heures, il décide de partir pour ne pas rater le réveil et un important rendez-vous le lendemain matin. Le jour suivant, au travail, vous vous demandez si vous n'êtes pas allée trop loin. Vous vous dites : c'est décidément l'homme qu'il me faut. Je dois lui faire savoir que je ne couche pas si vite avec tous les types. J'espère simplement qu'il a autant confiance en moi que moi en lui.

Détrompez-vous, les hommes ne sont pas aussi confiants que les femmes. Et il se pourrait bien que votre séduisant chevalier servant d'un soir ne vous rappelle pas. Si votre soirée s'était terminée au pied de votre immeuble, il ne fait aucun doute qu'il se serait à nouveau manifesté. Mais là, en vous jetant littéralement à son cou et dans ses bras, vous l'avez épouvanté. Certes, il vous aura trouvé excitante et informera peut-être ses collègues de bureau de certaines qualités charmantes de votre plastique. Mais, pour les choses plus sérieuses, n'y comptez plus. Même si vous lui avez laissé un souvenir impérissable, il vous a définitivement rangée dans la catégorie des filles faciles.

Il est peut-être en train de vous tester

Qu'on se le dise : les hommes se servent du sexe pour évaluer la personnalité des femmes. Si un homme n'a aucune intention de s'engager sérieusement avec une femme, il ne manquera pas cependant de la tester pour voir jusqu'où elle est disposée à aller avec lui sexuellement. Un été, Brad passait ses vacances au bord de la mer, il rencontra une très jolie femme par l'intermédiaire d'amis communs. Le premier soir où ils sortirent en tête-à-tête, ils se rendirent dans un club très fréquenté, burent et dansèrent jusqu'à quatre heures du matin puis allèrent chez Brad. Cinq minutes plus tard, ils se ruaient l'un sur l'autre comme des animaux qui n'ont rien mangé depuis des semaines. Ce fut très satisfaisant sur le plan sexuel pour Brad qui n'avait qu'une idée le lendemain matin : passer une autre nuit avec cette femme. Mais cela ne signifiait pas qu'il désirait s'engager dans une relation vraiment sérieuse avec elle. Pourquoi ? Parce qu'il l'avait mentalement cataloguée comme une fille marrante, aimant sortir et s'amuser, et non comme une future compagne avec laquelle il désirait entamer un lien beaucoup plus profond.

Si une femme lui plaît vraiment, un homme peut repousser le moment où il va coucher avec elle

Si une femme plaît beaucoup à un homme, il peut très bien limiter de lui-même ses pulsions sexuelles – au moins les premières fois – pour éviter toute confusion plus tard, lorsqu'il sentira qu'il doit prendre une décision et savoir si elle sera la compagne qu'il lui faut. Chris se retrouva une fois dans cette situation avec une femme qui lui avait fait un effet terrible. Dès qu'il avait posé les yeux sur elle, il s'était littéralement embrasé. Elle était l'incarnation même de ses rêves, ou du moins c'est ainsi qu'il la vit pendant une courte période. Au troisième rendez-vous, ils avaient l'impression de se connaître depuis toujours. La nuit commença par un dîner suivi de plusieurs verres dans un bar de jazz. Ni l'un ni l'autre ne voulaient que la soirée finisse. Très tard, ils finirent par échouer chez Chris pour un dernier verre et, sans bien comprendre ce qui leur arrivait, se retrouvèrent sur le lit en train de flirter passionnément. Bref, tout se passait bien... Peut-être trop bien, justement. Lorsque Chris se rendit compte qu'ils s'apprêtaient à faire l'amour, il commença à ralentir les choses. Il sentait qu'ils avaient un certain avenir ensemble et ne voulait pas gâcher leur possible relation. Il préférait prendre le temps de la connaître avant de coucher avec elle, même si *elle* ne comprenait pas encore pourquoi il se comportait ainsi. Tout simplement, Chris préservait leur avenir.

Le problème, c'est qu'elle se méprit sur son comportement. Désorientée, elle eut l'impression qu'elle ne l'excitait pas assez pour qu'il lui fasse l'amour. Bref, qu'elle ne lui plaisait pas vraiment. Vous pensez probablement que Chris aurait dû lui expliquer la situation pour faire disparaître son sentiment d'insécurité. Mais il s'en montra incapable car il savait que, si elle insistait pour poursuivre leurs ébats sexuels, il n'aurait pas longtemps la force de refuser. Un homme dans cette situation préfère ne pas savoir jusqu'où il *aurait pu* aller et laisser ainsi le mystère entier. Et il s'en remet à sa partenaire pour deviner ce qui se passe en lui (ce qui, nous en convenons, n'est pas toujours évident à déchiffrer !). N'oubliez pas non plus que nous ne sommes pas de grands bavards. Au risque, parfois, d'entretenir nombre de malentendus... Là encore, c'est à vous de faire preuve d'un certain sixième sens. Mais n'est-ce pas votre spécialité ?

Conclusion : la plupart du temps, les femmes s'attendent à ce que nous leur livrions une poursuite sexuelle impitoyable. Aussi, quand nous nous comportons comme des gentlemen et non comme des animaux, elles se sentent déstabilisées, presque infériorisées... Ne soyez donc pas troublées ou blessées si votre partenaire ne passe pas à l'acte dès les premiers soirs. S'il est réellement mordu, votre instinct vous le fera clairement percevoir. Pour une fois que nous ne vous sautons pas dessus, ne vous torturez pas en pensant que ce sont vos charmes qui sont en cause...

Les pièges de l'amitié

Sexuellement, les hommes sont attirés sur-le-champ... ou jamais. L'alchimie sexuelle n'est pas quelque chose que l'on peut forcer. Un homme finit parfois par coucher avec une femme qui ne lui plaît pas, simplement parce qu'il a trop bu, qu'il est en manque ou qu'il est un collectionneur invétéré uniquement préoccupé d'enrichir son catalogue de conquêtes, mais ce n'est pas de l'alchimie. Si, après quelques soirées, il n'a fait aucune tentative, vous êtes peut-être dans une situation de simple amitié, pas dans une aventure amoureuse. Brad rencontra ainsi une femme avec laquelle il passait de bons moments. Il sortit avec elle quatre soirs dans la semaine parce qu'il se plaisait vraiment en sa compagnie. Parfois ils ne faisaient que rester dans l'appartement de l'un ou de l'autre à parler de tout et de rien. Lorsque le moment arriva où il fallut bien aborder la question sexuelle, Brad essaya par tous les moyens de se défiler. Il se demanda toujours pourquoi. Il en fut très troublé à l'époque, et il est probable que son amie le fut aussi. La vérité, c'est qu'il souhaitait être attiré sexuellement par cette femme, mais sans réussir à y parvenir. L'attirance d'un homme envers une femme est une réalité incontournable. Elle ne se force pas. Elle est ou n'est pas.

En revanche, s'il y a une réaction chimique favorable entre vous, il vous est probablement arrivé de vous demander à quel moment il est bon de commencer une relation sexuelle. Lorsqu'il y a déjà de l'intimité et de la confiance entre vous, c'est à vous de juger de la meilleure opportunité. Un conseil d'ami, cependant : nous aurions tendance à recommander de ne pas coucher avant, au moins, le cinquième rendez-vous. Plus tôt serait trop tôt. Il est rare qu'un homme vous connaisse encore suffisamment avant. Si vous précipitez le mouvement, il pourrait cesser de se concentrer sur votre personnalité et se fixerait exclusivement sur le sexe. Résultat : la relation prendrait une nouvelle tournure et il commencerait à vous voir simplement pour coucher avec vous.

Cela ne signifie pas qu'il n'y aura pas, avant, de flirt, même assez poussé. Mais ne sautez pas le pas avant de mieux vous connaître. Une fois que vous vous retrouvez dans une relation stable, vous pouvez abandonner toute prudence et lâcher la bride à votre désir. Il vous connaît désormais et ne portera pas de jugements hâtifs à votre sujet.

Être bien dans sa peau

Un homme cherche surtout une femme dotée d'un réel pouvoir sexuel. C'est la femme qui fait battre son cœur lorsqu'elle pénètre dans une pièce, qui a le sens de sa propre valeur, une femme sûre d'elle, spirituelle, bien dans sa peau et heureuse dans son corps. Nous ne parlons pas seulement de beauté physique. S'il vous est arrivé de parler à des actrices ou à des mannequins, vous savez que les plus jolies créatures sont souvent celles qui se sentent le moins sûres d'elles-mêmes. Ces femmes exercent peut-être un pouvoir sur les hommes, mais c'est un pouvoir éphémère.

Une femme dotée de pouvoir sexuel n'a pas honte de son corps, elle en est fière. Après l'amour, elle n'a pas peur de traverser la pièce, nue. Elle manifeste sa confiance en elle dans sa manière de marcher, d'embrasser, de donner et de recevoir du plaisir. Selon les moments, elle sait laisser à l'homme l'initiative ou, au contraire, prendre la direction des opérations.

Pour un homme tout est affaire de compatibilité

Nous savons que le sexe est aussi important pour les femmes que pour nous, mais leurs priorités sont différentes des nôtres. Une femme peut choisir un homme qui est absolument l'amant de ses rêves parce qu'il se trouve être extrêmement brillant, ou généreux de cœur, ou terriblement riche. Un homme est moins capable de faire ce genre d'arrangements. Le sexe est vraiment crucial pour lui. L'alchimie doit être là, surtout au début, et malgré les hauts et les bas qui arrivent inévitablement dans toute relation à long terme. Si l'entente sexuelle est moyenne ou carrément mauvaise, alors ne vous faites pas trop d'illusions. Même s'il vous trouve des tas de qualités sur d'autres plans, il ne pourra se résoudre à faire l'impasse sur cette incompatibilité de corps.

Le sentiment de sa virilité dépend de votre entente sexuelle

Une relation physique réussie est cruciale pour l'homme, car elle est la base même de sa conception de la virilité. Lorsque celle-ci est en jeu, vous pouvez être certaine qu'il ne va pas prendre de grands risques. S'il n'est pas sûr de ses chances, il préférera éviter une expérience sexuelle plutôt que d'encaisser un échec douloureux pour son amour-propre. Un homme dans une relation établie peut ne pas vouloir faire l'amour simplement parce qu'il n'est pas d'humeur. Il peut être fatigué, ou absorbé devant un match à la télé, ou préoccupé par des problèmes de boulot.

Souvenez-vous, le sexe exige des efforts physiques et c'est généralement l'homme qui fait la plus grosse part du « travail ». Il doit avoir une érection, la conserver, faire l'amour, ne pas éjaculer trop vite, ne pas s'épuiser trop tôt... et vous amener au plaisir. Il doit également vous offrir l'émotion dont vous avez besoin et que vous méritez. Et tout cela après une dure journée de travail en salle d'opération, à la cour ou au conseil d'administration. Voilà pourquoi un homme préfère parfois éviter de faire l'amour : parce qu'il ne se sent pas prêt à donner le meilleur de lui-même et aussi parce qu'il redoute d'être humilié et placé dans une situation d'échec.

Si votre homme ne veut pas toujours faire l'amour sur demande, ne le prenez pas pour un affront personnel. Cela ne veut pas dire que vous ne l'attirez pas ou qu'il ne vous aime plus. Le sexe requiert de l'énergie. Un homme doit être prêt à relever le défi, et ce n'est pas toujours le cas. S'il repousse le moment de l'étreinte, ne croyez pas forcément qu'il a trouvé une autre femme ou qu'il ne vous désire plus avec la même intensité. Tout comme vous, nous ne pouvons pas, physiquement et émotionnellement, être « disponibles » tout le temps. Sachez-le, lorsque nous ne voulons pas faire l'amour et que vous insistez, cela met en cause notre virilité. Et nous détestons ne pas être à la hauteur de vos attentes.

Ce que les hommes veulent sexuellement

Permettez-nous de vous dire sans faire de manières ce qui est réellement important pour nous sur le plan sexuel. Tout homme a ses habitudes, ses positions favorites. Et il est important pour lui que sa partenaire accepte de le suivre et de s'adapter à ses goûts – tout comme il fera l'effort de s'adapter aux siens. À ses yeux cela garantit leur compatibilité. Si la femme ne veut pas changer d'un iota sa propre conception du sexe, le couple est sur une mauvaise pente car l'homme ne pourra pas obtenir de satisfaction. Certes, s'il est très amoureux, il essaiera de s'adapter. Mais les préférences sexuelles sont difficiles à changer.

Un homme aime varier ses plaisirs et expérimenter différentes positions. Une femme trop dogmatique sur ce point risque de le détourner d'elle. L'amour n'est pas, surtout sexuellement, un rapport de force, un affrontement de deux doctrines... Une nuit que Chris était en train de faire l'amour dans la position du missionnaire avec sa toute nouvelle conquête, il tenta de changer de position mais elle résista. Désemparé, il ne sut plus que faire. Mais il ne se sentait pas assez à l'aise avec elle pour lui parler de ce problème. Pour finir, il se plia bon gré mal gré à ses exigences mais s'ennuya profondément. Ce fut une expérience sexuelle qu'il se garda bien de renouveler...

Parfois, lorsqu'un homme et une femme ne se connaissent pas assez, le sexe peut être maladroit. Quand un couple sait communiquer – physiquement et verbalement –, il est en mesure de régler ces inévitables petits problèmes d'adaptation. Chacun peut faire comprendre à l'autre ses besoins et, ensemble, ils peuvent se guider vers une expérience sexuelle satisfaisante.

L'orgasme féminin : un mystère pour les hommes

Pour un homme, donner du plaisir sexuel à une femme est l'une des plus grandes satisfactions de l'existence. Certes, nous comprenons que certaines femmes n'ont pas nécessairement besoin d'un orgasme pour réussir leur expérience sexuelle, mais si notre partenaire ne peut atteindre la jouissance pendant une longue période, la relation va subir des tensions. L'homme va tenter de plus en plus activement de satisfaire sa compagne, parfois en allant, sans le vouloir, contre ses inclinations profondes. C'est le meilleur moyen de parvenir au désastre. La femme peut même en arriver à recourir à la simulation pour alléger la pression. Cela peut paraître une bonne idée sur le moment mais, si son partenaire s'en aperçoit, le mal sera fait.

Les hommes comprennent pourtant fort bien que ce n'est pas simple pour une femme d'obtenir un orgasme. Si la relation sexuelle est saine et que les deux partenaires sont souvent satisfaits, une femme peut faire savoir à son compagnon que, pour toutes sortes de raisons dont il n'est pas responsable, cela ne va pas forcément marcher ce coup-ci. Même si l'homme a un ego fragile, il comprend la subtilité de la réaction sexuelle de la femme et ne sera pas trop blessé par cet aveu. En revanche, si une femme commence à simuler ses orgasmes, elle donne à son partenaire la fausse idée qu'il peut la faire jouir à n'importe quel moment et s'engage sur un terrain dangereux. S'il s'aperçoit qu'elle triche, il ne lui fera plus confiance, pas plus qu'il ne se fera confiance. Dès lors, il n'y aura plus aucune transparence dans le couple et la relation en souffrira.

Chaque femme est différente. Il semble parfois qu'elles ont tant de mal à avouer ce qu'elles aiment qu'elles préféreraient renoncer à leur plaisir plutôt que de dire à leur partenaire ce qu'il faut faire pour les satisfaire. Pourquoi ne pas nous faire confiance ? Nous ne serons pas offensés de recevoir vos instructions. C'est votre corps et c'est notre plaisir. Profitez-en au mieux. N'oubliez pas non plus que cela nous excite de savoir ce que vous aimez.

Les hommes savent-ils réellement si une femme a eu un orgasme ou non ? La réponse est souvent non. Puisque vous ne nous dites rien, comment savoir si vous simulez ou si vous êtes sincère ? Certaines femmes ont du mal à le croire, pourtant même l'amant le plus expérimenté n'est pas toujours capable de déchiffrer la jouissance féminine. Si vous êtes engagée dans une relation au long cours avec un homme et s'il a appris à connaître les nuances de votre corps et de vos réactions sensuelles, il sera en mesure de lire vos désirs. Dans toutes les autres situations, il n'aura pas assez de repères pour comprendre ce qui se passe *vraiment* chez vous. Chaque femme est unique. Et chacune est un mystère. Aussi, aidez-nous à mieux vous comprendre et n'hésitez pas à laisser libre cours à vos sensations. Il n'y a rien de plus humiliant pour un homme que de ne pas savoir à quel moment une femme a eu un orgasme et si, même, elle a joui ou non. Il n'est pas non plus très agréable d'être finalement obligé de lui demander : « Est-ce que tu as joui ? » – question à laquelle nous ne sommes pas sûrs d'obtenir une réponse sincère. Alors, de grâce, ne nous laissez pas dans le brouillard et, *de vous-même*, dites-nous tout ce que vous ressentez.

Parler cru

En général, les hommes adorent les femmes qui aiment verbaliser leur plaisir sexuel. Nous ne connaissons pas un homme au monde qui ne soit pas excité lorsqu'il entend une femme lui dire qu'elle aime ce qu'il lui fait. « C'est bon de te sentir en moi... » « Plus fort, chéri, plus fort... » Oui, même les filles bien élevées parlent « cru » au lit. C'est érotique et les hommes en raffolent. Les choses qui sont taboues dans d'autres circonstances sont acceptables au lit. Cela ne signifie pas que vous devez devenir une bête si ce n'est pas votre tempérament. Nous disons simplement que des badinages peuvent être amusants. Un homme peut considérer une femme trop timide au lit comme une partenaire sexuelle ennuyeuse. Alors n'hésitez pas à faire preuve d'audace.

À l'opposé, les hommes détestent les femmes qui se comportent comme si elle essayaient d'obtenir un oscar de l'érotisme. Inutile de se croire obligée de pousser les choses trop loin. La ligne de démarcation entre le libre jeu et une partition excessive n'est certes pas clairement délimitée, mais, même dans le feu de l'action, les hommes sont assez intuitifs pour deviner quand leur partenaire joue la comédie et quand elle s'abandonne à son plaisir. Oubliez définitivement les rôles de passionnée des films de série B et des pornos. La vie réelle réclame plus de subtilité. Brad eut ainsi une expérience de ce genre avec une femme qui se croyait obligée de hurler des obscénités, de gémir à pleins poumons ou de lui lacérer le dos pour lui montrer qu'elle jouissait. Il trouva d'abord ce petit jeu excitant puis s'en lassa, et se moqua secrètement de ces tentatives maladroites pour transformer leurs ébats en épisodes de film X. Ce qui commençait comme quelque chose d'excitant devenait débandant. Elle allait trop loin. Moralité : essayez simplement d'être vous-même.

Le cunnilingus

Ce qui excite un homme, c'est de pratiquer le cunnilingus sur une femme, surtout celle qu'il aime. C'est un acte très intime pour l'homme et cela flatte son ego si la femme y prend du plaisir. Toutefois, si sa partenaire n'est pas bien préparée ou si elle ne sent pas bon, il peut ne pas avoir envie de le faire. Si une femme aime être sucée et souhaite qu'un homme le fasse plus souvent, elle doit le lui dire mais elle doit aussi se préoccuper de ces détails. Nous exprimons-nous de manière politiquement correcte ?

Nous l'espérons. En tout cas, un homme peut ne pas pratiquer le cunnilingus s'il n'est pas très intéressé par sa compagne.

Dans une vraie relation sexuelle, chacun donne et chacun reçoit. Là où il y a de la confiance, il devrait y avoir du plaisir. Pourquoi ne pas être généreux et laisser l'autre fixer de lui-même les limites du jeu ?

La fellation

Comme toute femme le sait sûrement, chaque homme adore la fellation. Tout comme il adore regarder sa partenaire s'adonner à cet acte. Les sensations qu'il en retire ne sont pas seulement extraordinairement agréables, elles lui apportent l'ivresse indicible d'être au sommet de sa virilité. Comme, par ailleurs, les femmes nous disent souvent qu'elles éprouvent elles aussi un sentiment de puissance à exciter un homme de cette manière, nous pouvons en conclure joyeusement que, par chance, l'acte de fellation procure du plaisir à tout le monde !

Une autre raison pour laquelle un homme aime être sucé par sa partenaire, c'est l'image de « salope » qui lui vient alors à l'esprit. Si nous aimons qu'une femme se montre douce dans la vie courante, nous apprécions également qu'elle soit « sauvage » au lit. En outre, un homme repense *en permanence* à la femme ou aux femmes de son passé qui lui ont permis d'éjaculer dans leur bouche. Pourquoi les hommes en retirent-ils autant de plaisir ? C'est que, si une femme sait s'y prendre avec habileté, il n'y a pas d'interruption ni de changement dans la stimulation. Il ne nous importe pas que vous avaliez ou non. Nous savons que cela peut ne pas avoir bon goût.

Puisque nous adorons la fellation, nous pouvons nous demander s'il faut poursuivre une relation avec une partenaire qui s'y refuse. Nous comprenons mal pourquoi une femme qui affirme nous aimer n'accepte pas de nous gratifier de quelque chose que nous aimons autant. C'est pourtant l'un des rares moments dans la vie d'un homme où il peut se détendre et recevoir du plaisir. Si une femme a des difficultés à pratiquer cet acte, il faut en discuter. Sinon, insensiblement, un homme finira par perdre tout intérêt pour sa partenaire et chercher ailleurs un meilleur épanouissement.

Nombre de nos amies nous ont interrogés sur ce point. Elles voulaient savoir ce qui plaît le plus à un homme dans la fellation et connaître les bonnes techniques. Souvent elles se sentent gênées de poser cette question à leur petit ami. Aussi, laissez-nous essayer d'éclairer votre lanterne : pour porter à son paroxysme le plaisir de l'homme, le plus important est de maintenir un mouvement rythmique et continu de haut en bas avec la bouche et la main. La bouche de la femme doit couvrir la tête du pénis tandis que sa main, juste en dessous, bouge de haut en bas, à l'unisson. À chaque mouvement, la bouche doit descendre aussi loin que possible le long de la verge. Commencez lentement puis accélérez le rythme.

Pas trop vite, de peur que le pénis ne perde ses sensations. Gardez une cadence modérée et, surtout, constante. Bougez la langue pendant que son pénis est dans votre bouche : cela augmente également son plaisir.

Si vous commencez à ressentir de la fatigue, ne cassez pas le rythme et poursuivez le mouvement avec la main. Vous rendrez votre partenaire fou si, dans le même temps, vous lui léchez le gland ou si vous caressez la base du scrotum, partie très sensible de l'anatomie masculine.

Ne vous servez pas de vos dents. Ne vous accoudez pas sur sa cuisse – ça fait mal. Enfin n'arrêtez pas avant que l'homme ait fini.

Osez l'audace même dans les lieux publics

Les hommes aiment faire l'amour dans des lieux différents. Comment savoir où votre cher et tendre préfère s'ébattre ? La variété faisant le sel de la vie, les hommes trouvent amusant d'expérimenter de nouveaux endroits excitants. Ils aiment souvent essayer des lieux publics et le risque de se faire surprendre ajoute du piment à l'aventure. Un soir, l'un de nos amis se trouvait dans un bar chic du centre de Manhattan lorsqu'il tomba sur une jeune femme avec laquelle il était sorti plusieurs mois auparavant. Ils avaient tous deux pas mal bu et commencèrent à se comporter comme s'ils étaient les seuls clients du bar. La femme lui prit la main et ils descendirent l'escalier qui menait aux toilettes des femmes. Ils entrèrent ensemble dans la cabine sans avoir échangé un seul mot. Nous laissons le reste à votre fertile imagination.

Un autre exemple ? Chris et sa petite amie sortaient un soir dans l'Upper East Side. À cette époque, Chris vivait dans la banlieue nord de New York. Ils décidèrent tous deux de se rendre à l'appartement de Chris en taxi. C'était une longue course et, en chemin, ils prirent un peu d'avance dans leurs ébats intimes. Pour finir, le chauffeur, amusé, ne leur fit pas payer un centime pour cette course de quarante-cinq minutes...

Il y a d'autres situations tout aussi excitantes que les scénarios ci-dessus et aussi moins risquées, comme faire l'amour dans une voiture ou une salle de cinéma. Pourquoi ne pas laisser votre ami soulever votre jupe et vous caresser pendant les scènes d'amour de *Neuf semaines et demie* ? Pourquoi ne pas le caresser vous-même ? Ne soyez pas timide. C'est parfois amusant de tomber le masque et de jouer les effrontées.

L'importance des sous-vêtements

Les hommes raffolent de la lingerie sexy. Certaines femmes le comprennent, d'autres non. Porter de beaux sous-vêtements montre que vous avez envie d'exciter votre partenaire, de jouer le jeu féminin. Cette assurance dans le pouvoir de vos charmes nous affole complètement ! Alors, *please*, abandonnez pour de bon les culottes et les soutiens-gorge certes confortables mais purement utilitaires ! Nous comprenons parfaitement que les femmes, comme les hommes, veulent se sentir à l'aise. Peut-on être en même temps sexy ? Suivez nos conseils. Ne choisissez pas des sous-vêtements que votre grand-mère aurait portés. Offrez-vous de la jolie lingerie, misez sur la soie et la dentelle. Et faites de nous des hommes heureux.

La masturbation : une nécessité

Vous êtes-vous déjà demandé pourquoi les hommes ont besoin de se masturber ? Est-ce que cela vous a jamais troublée de savoir que votre petit ami se masturbe alors qu'il vous a ? Vous êtes-vous sentie déstabilisée de savoir qu'il se masturbait, imaginant que vous ne l'intéressiez plus ? Nous allons donc vous dire ce que la masturbation signifie pour un homme en espérant que cela calmera vos craintes et vos soupçons. Avant tout, sachez qu'un homme engagé dans la plus saine, la plus excitante et la plus satisfaisante des relations a quand même besoin de se masturber. Ne vous faites pas d'illusions. Si vous avez un petit ami, eh bien, oui, il se masturbe quoi que vous en pensiez. Combien de fois avons-nous entendu des femmes affirmer : « La masturbation ? Les autres peut-être mais pas mon petit ami, il n'en a pas besoin puisque nous nous entendons à merveille au lit. » Hélas, nous sommes désolés d'avoir à vous décevoir. Mesdames, réveillez-vous et voyez les choses en face : votre homme se donne du plaisir sans que vous le sachiez. C'est dans sa nature et cela n'a rien à voir avec une quelconque insuffisance sexuelle de votre part.

En tout premier lieu, la masturbation satisfait son désir de variété sexuelle. Grâce à ses fantasmes, il peut ainsi avoir du plaisir avec plusieurs partenaires virtuelles, il peut penser à ce qu'il veut et à qui il veut, ce qui contribue à combler son envie de diversité. Un homme a besoin de s'imaginer plusieurs scénarios. Il n'a pas pour autant l'impression de tromper sa partenaire. Simplement, cela stimule son imagination.

Si vous vous sentez isolée, pourquoi ne pas jouer un rôle dans sa masturbation ? Cela ne veut pas dire que votre main doit remplacer la sienne, mais pendant qu'il se masturbe, vous pouvez augmenter son plaisir en le caressant. Il peut ensuite vous caresser pendant que vous vous masturbez. La masturbation simultanée est une agréable variation de l'acte sexuel. Personne ne peut vous donner du plaisir comme vous-même, alors pourquoi ne pas le faire ensemble ? Cela excitera certainement votre partenaire. Un homme adore voir sa maîtresse se caresser. C'est un spectacle très érotique et attirant pour lui. De même, il aime souvent qu'une femme le regarde pendant qu'il se masturbe. Il n'y a rien de mal à ça, c'est même une bonne recette de la vie sexuelle d'un couple. Ne vous montrez pas timide.

Il peut être difficile de s'habituer à l'idée que quelqu'un vous regarde pendant que vous vous donnez du plaisir, car il s'agit d'un acte très intime. Pourtant, une fois que vous vous sentez à l'aise, cette connivence est un atout supplémentaire dans votre harmonie sexuelle.

Un homme se masturbe également pour se libérer de la tension accumulée au cours de la journée et faciliter l'arrivée du sommeil. Après l'orgasme, il se sent profondément détendu. Vous avez peut-être observé votre amant sombrer dans un profond sommeil après l'amour. Certains hommes, qui dorment seuls, se masturbent chaque soir pour s'endormir plus paisiblement. Cela peut paraître étrange, mais c'est ainsi. Cet acte demande peu d'effort sur le plan émotionnel, peu de concentration et pas de conversation. Même les hommes qui vivent avec leur petite amie ou qui sont mariés ont besoin de se masturber, n'en déplaise aux esprits chagrins et aux puritains. Nier cette évidence, c'est nier les besoins fondamentaux de votre partenaire.

Réalités post coïtales

Cela nous amène au délicat sujet de la fatigue sexuelle. Les femmes ne doivent pas se sentir blessées lorsqu'un homme s'endort immédiatement après l'amour. Elles doivent accepter le fait qu'il est extrêmement fatigué après l'orgasme. La sensation est la même que de vouloir rester éveillé après avoir pris des somnifères. Essayer de combattre ce vertige du sommeil est quasiment impossible. L'homme ne se sent pas seulement épuisé, il n'a plus le contrôle de ses muscles et plonge dans un état de relaxation totale.

Pourtant, nous direz-vous, certains hommes sont capables, juste après la jouissance, de quitter illico le lit et de se rhabiller séance tenante. Dans ce cas, inquiétez-vous de la qualité de votre relation. Sachant qu'un homme perd tout désir sexuel après avoir atteint l'orgasme, il n'est plus capable de jouer la comédie de la séduction une fois l'acte accompli. De deux choses l'une : ou il se sent assez en confiance avec vous pour se laisser glisser dans le sommeil, ou bien il n'a plus qu'une seule idée, retrouver sa liberté. S'il existe des exceptions à cette règle, *elle reste cepdenant vraie et valable pour la majorité des hommes ici-bas.*

Observons la situation : un homme très exalté est en train de faire l'amour à une femme pour laquelle il éprouve peu ou pas de sentiments. Il a l'air très excité. Mais, dès que c'est terminé, sa personnalité change instantanément. Puisque son désir est satisfait, son intérêt pour cette femme s'envole sur-le-champ. S'il n'y a pas de véritable émotion ou de tendresse, alors il ne reste rien. L'homme regarde sa partenaire d'un œil nouveau et se demande soudain ce qu'il fait là. C'est comme se réveiller d'un rêve. L'instant précédent, il était en train de dire et de faire des choses qu'il ne dirait ni ne ferait normalement et, tout à coup, le charme est rompu et il n'a plus qu'une seule idée en tête : partir.

C'est drôle ce qu'un orgasme peut provoquer chez un homme. Après la jouissance, la sensation irrépressible de fatigue peut être contrée par un sentiment tout aussi irrépressible de prendre la poudre d'escampette. Aucune fatigue ne peut assommer ce besoin quand il est trop fort. Autant être francs : un homme ressent un sentiment de dégoût après l'orgasme lorsqu'il s'aperçoit qu'il est avec une femme qui ne lui plaît pas vraiment. Cela ne veut pas nécessairement dire que ces deux-là ne recoucheront jamais ensemble. L'attirance sexuelle peut très bien revenir après un certain temps. Il faut parfois des semaines, des jours, quelques heures ou quelques minutes, mais la plupart du temps, aidé par le souvenir de ce moment de plaisir, le désir renaît. S'il ne revient pas, cet homme ne rappellera jamais. Qu'est-il arrivé ? À un certain moment, l'homme se rappelle les sentiments qu'il a ressentis après l'amour et comprend que ça ne vaut pas le coup de retourner avec cette femme. La répulsion l'emporte sur le désir sexuel. Cela arrive parfois dès la première rencontre, parfois après des douzaines de rencontres. À un certain stade, l'attachement sexuel disparaît complètement parce qu'il n'est pas soutenu par la moindre affectivité. Et l'homme mettra fin à l'aventure. Voilà pourquoi nous conseillons aux femmes d'être prudentes au début d'une relation.

C'est généralement bon signe lorsqu'un homme reste pour la nuit. Mais, en fait, tout ce que vous pouvez en déduire avec certitude c'est que son envie de partir ne l'emporte pas sur son sentiment de relaxation. Après l'amour, un homme peut être dans l'incapacité de communiquer quoi que ce soit. Car notre Créateur nous a joué un autre tour. Après l'amour, une femme se sent incroyablement alerte, bavarde, intime, prête à faire des câlins et à rire. Mais un homme, lorsqu'il a joui, devient un zombie. Comment gérer cette situation impossible ? Sachez ceci : nous comprenons qu'une femme ait besoin de tendresse. Nous aussi ! Mais immédiatement après l'éjaculation, accordez-nous un moment de paix. Ce n'est *pas* le moment pour un bavardage amoureux.

Lorsqu'une femme essaye d'obliger un homme à rester éveillé, c'est une véritable torture pour lui. Nous avons tous connu des femmes qui se plaignaient de leur partenaire tombant de sommeil après leur avoir fait l'amour au lieu de leur parler et de continuer à s'intéresser à elles. Certaines se sentent insultées, rejetées et pensent qu'elles n'ont été que des objets de plaisir. C'est tout à fait inexact. Il s'agit en réalité d'une réaction physique involontaire. Ne la prenez pas pour un signe de désintérêt. Ne nous torturez pas. Gratifiez-nous d'un petit baiser rassurant pour nous souhaiter bonne nuit et laissez-nous nous reposer !

Nous soupçonnons que très peu d'entre vous savent vraiment de quoi nous parlons car, à chaque fois que nous évoquons ce sujet devant une femme, nous obtenons un regard perplexe. Au cours de la période qui suit l'orgasme, un homme a besoin d'un temps de récupération plus ou moins long avant d'être de nouveau en mesure de faire l'amour. Son pénis est hors de combat. Peu importe que vous soyez Cindy Crawford ou Pamela Anderson. Notre membre miraculeux n'est plus qu'un petit objet mou. Rien ne le fera revivre et il devient très sensible au toucher. Nous vous conseillons de ne même pas essayer de le remettre en route. Certains hommes ont besoin de plusieurs heures pour récupérer, d'autres de quelques minutes. Question d'âge... ou de forme ! Vous ne pouvez rien faire pour accélérer le processus. Au contraire, tout ce que vous entreprenez risque plutôt de le ralentir. N'en faites pas une question personnelle. Cela n'a rien à voir avec l'attirance que votre partenaire a pour vous. C'est purement physique. Accordez-nous juste un peu de temps !

Conclusion

Vous savez désormais tout ce que vous avez besoin de connaître sur les hommes et le sexe. Il se peut même que vous en sachiez trop. Nous reconnaissons que cette vue intérieure de la sexualité masculine n'est pas pour les pusillanimes. Et nous espérons que les hommes ne nous en voudront pas de vous avoir révélé nos petits secrets et, pis, de vous avoir conseillé une certaine réserve sexuelle lorsque la relation n'en est encore qu'aux stades préliminaires. Mais nous pensons qu'il est crucial que vous sachiez tout cela pour mieux comprendre notre désir et y adapter le vôtre. À nos yeux, la compatibilité sexuelle est presque tout.

Rappelez-vous donc ces quelques conseils :

– Au début de la relation, ne vous jetez pas trop vite dans son lit, même si vous en mourez d'envie

– Lorsque vous êtes devenus intimes, n'hésitez plus à vous affirmer et à faire usage de votre pouvoir sexuel.

– Ne soyez pas timide, dites-lui comment vous donner du plaisir. Parlez-lui !

– Soyez disposée à essayer des choses nouvelles dans des lieux nouveaux !

– Et, après la jouissance, haut les mains ! N'en déplaise à certaines, un homme a besoin de fermer les yeux et, même, de sombrer dans le sommeil. Cela ne signifie nullement qu'il n'a pas d'égards pour vous. Simplement, il a biologiquement besoin de cette perte de conscience.

9. La relation : questions pratiques

Si l'entente sexuelle est atteinte et que tous les aspects émotionnels de la relation sont à peu près maîtrisés, il subsiste néanmoins d'autres obstacles à surmonter sur la route du bonheur amoureux. Cette fois, il ne s'agit plus de questions essentielles mais de ces mille et un grincements quotidiens qui peuvent ternir la plus tendre des relations. Certains traits de notre « masculinitude » semblent embarrasser infiniment les femmes. Notre intention ici est de mieux vous faire connaître notre point de vue sur ces sujets de tension qui sont, à vous entendre, autant d'épines dans la bonne marche de votre couple.

Commençons donc par étudier quelques-unes de ces situations à la fois terriblement triviales et douloureusement conflictuelles...

Les sorties entre hommes

Nous avons besoin de passer du temps avec nos congénères de l'espèce masculine. Les réunions entre copains sont des rites particulièrement appréciés de tous les hommes, que ce soit dans le cadre sportif, professionnel ou, simplement, une réminiscence de leur camaraderie de jeunesse. Durant toute son adolescence, on apprend à un garçon à se sentir d'autant plus viril qu'il appartient à une bande de copains. Son père et ses amis lui disent que c'est ainsi qu'il deviendra « un homme », qu'il faut avoir « l'esprit d'équipe » et fréquenter des plus durs que lui. Il est ridiculisé lorsqu'il ne se conforme pas à ces pressions extérieures. Ses amis se gaussent en le traitant de « mauviette » ou de « gonzesse », ces aimables surnoms n'ayant pas vraiment pour but de le rejeter du groupe mais de renforcer son attitude agressive. En réalité, ces moqueries sont l'une des nombreuses étapes que l'adolescent doit franchir pour devenir « un homme ». Il s'agit véritablement d'une sorte de parcours initiatique. Cet esprit de clan se développe dans l'enfance, se poursuit pendant l'adolescence et ne s'oublie pas au cours de la vie adulte. Les liens de solidarité ou de rivalité qui nous unissent aux autres hommes sont enfouis dans notre psyché. Nous en avons besoin pour survivre psychologiquement au milieu de toutes les tourmentes.

Lorsqu'un homme est engagé dans une relation sérieuse avec une femme, il passe moins de temps avec ses copains et davantage avec l'élue de son cœur. Il se peut même qu'il néglige ses amis. Mais ces derniers ne le laissent pas tranquille et, perpétuant des comportements appris dès l'enfance, ils ironisent à son sujet, le traitent de « pantouflard », de « rangé des voitures ». Ils font cela parce qu'ils regrettent l'époque où il prenait le temps de traîner avec eux. Les hommes manifestent souvent leur amitié les uns envers les autres en échangeant ce genre de commentaires aigres-doux. Tous aiment cette camaraderie bourrue parce qu'ils se sentent, comme autrefois, faire partie intégrante d'un groupe.

Aussi, quand un homme vous dit qu'il veut passer une soirée avec ses copains, cela signifie plus à ses yeux qu'une simple sortie. Il a envie de se retrouver seul avec eux, de se sentir un homme parmi les hommes... Parler boulot, échanger des souvenirs, évoquer le bon vieux temps où l'on était célibataire, échanger des plaisanteries paillardes, parler de sport, de sexe, de la poitrine ou des fesses de telle ou telle fille. Bref, nous replonger avec bonheur dans une délicieuse immaturité.

Il ne s'agit pas pour autant de suggérer qu'un homme doit passer tout son temps libre avec ses copains. Mais, de grâce, ne lui reprochez pas ces moments de détente bien à lui. Lui faire une scène ou, pis, lui interdire de voir ses amis risque de créer une tension majeure dans la relation. Si vous comprenez à quel point tout cela est important pour lui, vous deviendrez à ses yeux une femme *cool* et compréhensive. Laissez-lui donc sa liberté, *cela le rapprochera de vous*. Mais si, vraiment, vous avez le sentiment d'être négligée, s'il passe tout son temps de loisirs sans vous, c'est évidemment le signe qu'il y a un problème entre vous.

Il y a des choses que toutes les femmes doivent savoir sur les sorties entre copains. D'abord, ne demandez jamais de l'accompagner. Il se sentira embarrassé ou ridicule, et s'exposera à l'ironie de ses amis qui penseront avec dédain qu'avec vous il « marche à la cravache ». Votre présence risque de modifier toute la dynamique de la soirée. Les autres hommes du groupe seront inhibés dans leurs conversations puisque – horreur ! – une *femme* se trouve parmi eux. Les parties de franche rigolade se transformeront en conversations guindées. Si, malgré tout, vous persistez à vouloir vous incruster dans ces soirées « entre potes », votre ami finira par vous en vouloir car vous lui gâcherez des moments symboliques pour lui.

Un soir, Rich décida de sortir avec ses amis après le travail. Maria, sa petite amie, en fit autant de son côté avec ses copines. Le hasard voulut qu'ils se retrouvèrent dans le même bar. Tandis que Rich et ses copains étaient occupés à parler boulot, nanas ou sport, Maria s'approcha d'eux pour leur souhaiter le bonjour. Immédiatement, les hommes du petit groupe de Rich parurent privés de cette éloquence qui, une seconde plus tôt, les animait. La dynamique de la conversation subit une sorte de séisme suivi d'un silence embarrassé et d'une série de raclements de gorge. Comme Maria ne semblait pas le remarquer et ne faisait pas mine de partir, Rich se sentit de plus en plus mal à l'aise. Il lui fit discrètement comprendre de ne pas s'incruster et, heureusement, elle ne se le fit pas répéter et retourna rejoindre ses propres amies. Rich cessa de transpirer et fut reconnaissant à Maria d'avoir su ne pas s'imposer. Ses amis en furent également impressionnés et, derechef, la cataloguèrent parmi les filles *cool*.

Beaucoup de femmes pensent que, si leurs petits amis sortent avec leurs copains, c'est pour rencontrer d'autres femmes. Erreur... Il ne s'agit pas d'aller draguer en groupe mais simplement de se détendre. En réalité, quand un homme rentre à la maison après une soirée entre amis, il éprouve un sentiment renouvelé d'amour à votre égard. Après avoir été en compagnie d'autres hommes, il se réjouit à l'avance de retrouver votre délicieuse féminité et de partager avec vous des plaisirs d'un autre ordre. La pire chose que vous puissiez faire lorsqu'il rentre serait de lui faire subir un questionnaire serré pour être sûre qu'il ne vous a pas été infidèle. En montrant ainsi que vous ne lui faites pas confiance, vous risquez de l'éloigner de vous à jamais. De grâce, ne le harcelez pas !

Un homme a besoin de variété dans sa vie. Si sa femme est grande et blonde, il ne manquera pas de regarder avec intérêt cette jolie petite brunette qu'il vient de croiser dans la rue comme s'il venait juste de sortir de prison. Regarder des femmes différentes satisfait son imagination visuelle. Lorsqu'un homme entre dans un bar ou un restaurant, il repère presque instantanément toutes les femmes de l'endroit. Cela ne veut pas dire qu'il rêve de coucher avec elles ! Simplement, son instinct de chasseur est toujours en éveil.

L'épreuve du match de foot à la télé

Un autre passe-temps favori des hommes, comme toutes les femmes le savent probablement, c'est de regarder des émissions de sport à la télévision. Là encore, pas de scène de jalousie, par pitié ! Arrêtez de vouloir être le centre de notre monde à chaque instant ! Tout homme qui a pratiqué un sport dans sa jeunesse a rêvé de marquer un but à la Coupe du monde ou un essai au Parc des Princes. Comme il y a longtemps que nous avons abandonné nos illusions dans ce domaine, il nous reste cependant les émotions des matchs retransmis à la télé. Le simple fait de soutenir telle ou telle équipe est déjà une excitation dont nous détesterions être privés. Comme de juste, nous aimons regarder tranquillement notre match sans être interrompus. Une femme compréhensive pourra même repousser des projets de balade ou de soirée afin que son homme puisse voir un match important pour lui. Croyez-nous, cela lui vaudra une éternelle reconnaissance !

Un dimanche, Rich voulait regarder un match opposant ses équipes favorites. Maria, elle, rêvait d'aller en sa compagnie acheter un vase qu'elle avait repéré dans une vitrine. Comprenant à quel point cette retransmission était importante pour Rich, elle resta à la maison et regarda le match avec lui alors même qu'elle n'était pas une fan de football. Il apprécia tellement cette marque de bonne volonté qu'il courut ensuite chez le fleuriste lui acheter une douzaine de roses pour aller avec ce fameux vase qu'elle désirait.

Il est clair que nous apprécions que notre petite amie regarde une émission de sport avec nous. Remarquez bien que nous avons utilisé le verbe

« regarder ». Subtile précision qui exclut d'emblée d'autres verbes comme « bavarder », « commenter », « surenchérir », etc., autant d'excès de langage qui ne seraient pas du tout de notre goût. Rappelez-vous ce postulat de base : quand il y a un match qui nous captive à la télé, nous sommes les seuls à avoir le droit de parler ! Tout commentaire imprudent de votre part risquerait de vous exposer à des rebuffades... et d'entraîner d'inutiles disputes. Vous soupirez ? C'est tout à fait légitime. Mais, que voulez-vous, chaque fois que votre petit copain entre en transe lorsque son équipe chérie marque ou rate un but, c'est tout simplement qu'il est en train de revivre ses fantasmes d'enfant, de partager la gloire de la victoire ou le désespoir de la défaite. Après tout, la vie urbaine offre peu de possibilités de vivre une épopée et le sport est encore l'une des meilleures soupapes à notre trop-plein d'énergie. Bref, compatissez... Nous ne sommes que de pauvres héros en herbe condamnés à la sédentarité... Laissez-nous rêver !

Sortir en couple : le dilemme

Beaucoup de femmes ne devinent pas à quel point les hommes considèrent les obligations mondaines comme une corvée. Elles pensent encore trop souvent qu'il faut organiser des dîners afin de présenter leur nouveau compagnon à leurs amis de toujours. Mais la vérité est que nous détestons cela. D'abord parce que nous n'aimons pas rencontrer d'autres hommes dans ces conditions. Les amitiés masculines commencent généralement sur un terrain de sport, au vestiaire, au travail, à la chasse ou en randonnée. Mais, lors d'un dîner mondain, les relations entre hommes se compliquent et deviennent plus affectées. Certes, nous nous efforçons bravement de nous montrer courtois et de faire la conversation mais cela nous paraît horriblement rasoir. Tout en devisant aimablement de votre dernier voyage en Italie ou en écoutant votre meilleure amie raconter en long et en large comment elle s'est cassé la jambe au ski, nous comptons mentalement les minutes qui passent en espérant qu'une sirène d'incendie se déclenchera brusquement et que le restaurant sera évacué en catastrophe, mettant ainsi, à notre grand soulagement, un terme à cette laborieuse soirée.

Pour couronner le tout, nous sentons que nous devons être au mieux de nous-mêmes parce que nous allons être jugés par vos amis. Il va nous falloir constamment surveiller nos paroles et notre comportement. Avec un peu de chance, nous réussirons à prendre plaisir au repas. Mais il y a trop de pression pour que nous puissions jouir de cette expérience.

Si nous nous y soumettons, c'est parce que nous savons que c'est très important pour vous. Alors, dans la mesure du possible, essayez de nous faciliter cette soirée. L'une des choses les plus humaines que vous puissiez faire est de terminer cette rencontre entre couples le plus tôt possible si vous constatez que nous nous ennuyons mortellement. Croyez-nous, nous nous sommes tous retrouvés dans cette situation et avons espéré que quelqu'un manifeste quelque compassion.

En revanche – et cela ne vous étonnera qu'à moitié ! – les hommes se sentent bien plus à l'aise dans les sorties de couples avec leur amis. Comme nous n'avons pas peur que chacun de nos mouvements soit jugé, nous sommes infiniment plus détendus. Cela nous donne l'occasion de nous retrouver avec notre copain en même temps qu'avec la femme que nous aimons.

L'un de nos amis, engagé dans une relation avec une femme qu'il aimait beaucoup, avait par ailleurs un emploi du temps aussi chargé que celui d'un ministre. Nous n'arrivions pas à le voir très souvent en raison de ses horaires. Sa petite amie se plaignait également de ne pas passer assez de temps avec lui. Pour finir, nous réussîmes à organiser un dîner avec eux deux et ils en furent très heureux, trouvant ainsi une occasion de nous voir et de se voir.

Naturellement, lorsque nous nous retrouvons avec un bon copain, la conversation dérive inévitablement vers des sujets typiquement masculins comme le sport, la gym ou le boulot. C'est pourquoi nous aimons que notre compagne soit capable de ne pas s'en offusquer et de trouver, avec les autres invités, des sujets de conversation qui l'intéressent. Cela montre qu'elle n'a pas besoin en permanence de l'attention de son partenaire. Certes, pas question de défendre l'indéfendable et de trouver normal qu'un homme ne s'occupe pas du tout de sa petite amie pendant une soirée. Simplement, nous apprécions de ne pas être tenus en laisse et de ne pas vous voir sans arrêt tenter de vous imposer en vous immisçant dans nos conversations entre hommes. N'oubliez pas que, souvent, ces soirées nous permettent de rattraper le temps perdu avec des amis que nous ne voyons plus que très rarement. Là encore, faites preuve d'esprit d'indépendance.

S'accommoder de ses amis

S'engager dans une relation sérieuse avec un homme implique de s'accommoder de ses amis. Pas moyen d'y échapper. Votre entente avec eux peut déterminer le succès et le bonheur de votre relation future avec lui. La plupart des hommes ont un groupe de deux ou trois copains très proches et un cercle plus étendu de relations. Aux yeux de votre petit ami, il est très important que vous vous entendiez avec eux parce que ce sont eux qui, à part vous, lui procurent du soutien et du réconfort.

Si vous ne vous intéressez pas à eux, si vous les critiquez ouvertement ou en privé, il risque d'en souffrir et cela créera une tension dans votre relation. Nous ne disons pas que votre couple cassera parce que vous n'appréciez pas ses amis ou parce qu'ils ne vous aiment pas, mais c'est l'une des choses que votre partenaire souhaite éviter à tout prix. Si malheureusement c'est le cas, il va devoir compartimenter sa vie et osciller plus ou moins confortablement entre ses amis et la femme qu'il aime. Exercice toujours désagréable et laborieux pour un homme.

Le meilleur moyen d'entretenir de bonnes relations avec les amis de votre petit copain est de ne pas vous sentir menacée par eux. Il a besoin de la compagnie de ses semblables, tout comme il a besoin d'être avec vous, la femme qu'il aime. Comprenez son besoin d'amitiés masculines et laissez-le s'y adonner de temps en temps.

S'entendre avec les Dubois

De nombreuses femmes essaient de comparer leur couple avec ceux de leur amis, mais les hommes détestent ça. Lorsque nous savons que nous allons être comparé à un autre homme, ou que notre couple subira le même genre de test, nous pensons que vous manquez vraiment de personnalité et de confiance en vous pour avoir besoin de vous référer sans cesse à autrui. Sans compter que, si vous serinez à votre compagnon combien Untel ou Untel est sensationnel, il finira par se dire qu'il n'est pas assez bien pour vous et par se détacher progressivement. Et vous, que ressentiriez-vous si votre petit ami vous comparait sans cesse aux autres femmes ?

En réalité, et cela ne vous étonnera pas, nous détestons nous sentir rabaissés et être comparés désavantageusement à d'autres hommes par celles que nous aimons. Le pire, c'est de vous livrer à cet exercice imprudent et cruel qui consiste à nous remettre en question devant vos amis. C'est le meilleur moyen de nous amener à nous refermer sur nous-mêmes et à ne plus vous adresser la parole ou bien à nous cabrer et entamer une dispute. Cela ne nous amènera certainement pas à dire : « O.K., je vais dorénavant arrêter d'être moi-même pour ressembler à cet autre type. » Toute comparaison avec d'autres hommes suscitera une gêne ou mettra fin au dialogue dont vous avez besoin pour résoudre les problèmes vous concernant. La meilleure manière de gérer tout malaise dans le couple est de nous en parler sans agressivité.

Affaires de famille

Présenter une femme à ses parents est un moment capital pour la plupart des hommes. Si votre compagnon vous le propose, c'est qu'il considère sûrement sa relation avec vous comme sérieuse. C'est le signe qu'il vous respecte et qu'il a confiance en vous. Il ne craint plus de vous faire connaître ses proches, de vous faire entrer dans son cercle le plus intime.

C'est important pour un homme parce qu'il est, comme tout un chacun, attaché à sa famille et qu'il tient compte aussi du jugement des siens. La possibilité d'entendre des commentaires déplaisants est toujours un risque qui l'obsède lorsqu'il envisage de présenter une femme à ses parents. Aussi prend-il souvent tout son temps avant de franchir cette étape.

Il y a plusieurs raisons pour lesquelles un homme avec lequel vous sortez depuis un certain temps ne vous demande pas de rencontrer ses parents : il ne vous voit pas encore comme une future épouse, ou une compagne sérieuse ; il n'est pas très proche de ses parents ou ils sont décédés ; enfin, il n'est pas encore prêt à faire avancer la relation. Un homme sort parfois six mois ou un an avec une femme avant de la présenter à sa famille. Si, passé ce délai, vous constatez qu'il n'a toujours pas pris cette initiative, nous vous conseillons de soulever la question. Vous pouvez simplement lui dire un jour : « J'aimerais vraiment rencontrer tes parents, ils ont l'air sympa. » Ou bien : « Parle-moi de ta famille, j'aimerais en apprendre plus sur ton enfance. » S'il tient à vous, il comprendra que c'est important pour vous et il fera les présentations nécessaires. S'il ne réagit pas et s'il a par ailleurs de bonnes relations avec ses parents, vous pouvez alors être sûre qu'il vous considère comme quelqu'un de moins important dans sa vie que vous ne le pensiez. Aussi douloureux que cela soit, si vous êtes à la recherche d'un engagement sérieux et durable, c'est le moment de vous retirer.

Lorsqu'elle rencontre les parents de son petit ami une femme doit garder certaines choses à l'esprit. Avant tout, ne prenez pas cet événement à la légère. Cette première rencontre est cruciale, elle peut décider du succès ou de l'échec de votre relation. Si un homme est proche de sa famille, il va chercher son approbation. C'est donc une bonne idée que de gagner les faveurs de ses parents dès le début. Faites votre possible pour vous entendre avec sa mère, même si cela peut se révéler un exercice périlleux ! Elle fera pression sur son fils pour qu'il conserve sa relation avec vous et pourrait insister pour qu'il vous épouse. En revanche, si les membres de sa famille n'ont aucune estime pour vous, votre compagnon risque d'en ressentir les contrecoups et de ne pas savoir gérer cette situation de conflit. Il *détestera* avoir à choisir entre *vous* et *eux*.

Alors si vraiment vous êtes mordue et que vous ne pouvez concevoir votre existence sans lui, faites de votre mieux pour vous gagner les faveurs de ses parents. Ne vous montrez *jamais* impolie et ne leur manquez pas de respect, même si, par malchance, ils vous poussent dans vos retranchements.

Pour un homme, rencontrer la famille de sa petite amie est aussi une situation stressante. Il sentira qu'il lui faut se surveiller et ne plus ressembler au type que vous connaissez. S'il est intelligent, il se montrera particulièrement aimable parce que, pour lui, rencontrer vos parents est toute une affaire. S'il se soucie vraiment de vos sentiments, il fera des efforts pour les respecter.

C'est une bonne idée de le briefer sur votre famille avant la rencontre. Quelle est la personne de votre famille qui compte le plus pour vous ? Quelle est celle avec laquelle il est le plus difficile de s'entendre ? Quels sont les centres d'intérêt spécifiques de chacun ? Vous devez lui fournir les réponses à ces questions pour que la rencontre se passe le plus agréablement possible.

Un homme se sent surtout nerveux lorsqu'il doit faire la connaissance du père de son amie. Les pères se montrent souvent très critiques à l'égard du petit ami de leur fille chérie. Eux aussi ont été célibataires autrefois et ils savent fort bien comment se comportent leurs congénères et toutes les turpitudes dont ils sont capables avec les femmes ! Dans l'esprit de votre petit ami, votre père l'observe et lit à travers lui, essayant de voir s'il est digne de sa petite dernière. À vous de l'aider à réussir ce test en lui donnant des informations sur la personnalité de votre père, sur son travail, ses passe-temps, ses goûts.

Lorsqu'il s'agit de rencontrer votre maman, il est plus à l'aise. Comme il sait que les mères et les filles ont souvent des relations privilégiées et qu'elles se font beaucoup de confidences, il est presque certain qu'elle le connaît déjà avant même de le rencontrer. Ce qui ne l'empêchera pas de lui faire du charme pour la conquérir définitivement et la mettre de son côté. Faites attention cependant si, après une dispute avec votre ami par exemple, vous avez mal parlé de lui à votre mère. Rectifiez le tir avant qu'elle ne le rencontre pour écarter tout risque de tension entre eux.

De même, un homme fera de son mieux pour copiner avec le frère de sa petite amie. Il essaiera de se lier d'amitié avec lui ainsi qu'il l'a fait avec le père. Un homme s'attend toujours à ce que le frère de sa petite amie soit sur la défensive au cours de la première rencontre parce que les frères aussi savent comment les hommes pensent et se comportent avec les femmes... Certains d'entre eux peuvent également – même s'ils ne sont pas siciliens ! – éprouver des sentiments très protecteurs à l'égard de leur sœurette adorée. Ils se montreront donc particulièrement vigilants et critiques à l'égard du « fiancé » qu'elle leur présentera. Là encore, à vous d'arrondir les angles...

Les vacances ensemble

Décider de partir en vacances ensemble marque également une étape importante dans la relation. Passer une semaine ou deux seul avec sa petite amie dans un endroit nouveau et inconnu est une perspective effrayante pour un homme, en particulier la première fois. Cela est vrai indépendamment de l'amour qu'il vous porte et aussi proches que vous soyez l'un de l'autre. Voilà pourquoi tout homme appréhende cette perspective, qui l'excite tout à la fois.

À ce stade de votre relation, il ne vous aura jamais consacré autant de temps et d'attention que ce qu'il va devoir vous accorder pendant ce moment de vie commune. Chaque fois qu'il se lèvera le matin, il se rappellera que vous allez être là, à son côté, toute la journée et il ne saura pas toujours comment gérer ce supplément d'intimité. Il faut parfois un an, ou plus, à un homme avant qu'il se sente assez à l'aise avec une femme pour partir en vacances avec elle.

Lorsque vous vous décidez enfin, c'est une bonne idée de planifier les choses ensemble afin que l'un d'entre vous ne décide pas seul pour les deux, ce qui pourrait exiger trop de compromis. Lorsque Rich et Maria prirent pour la première fois de longues vacances ensemble, Rich éprouvait toutes les appréhensions que nous venons de décrire même si, auparavant, ils avaient déjà passé quelques week-ends agréables en tête à tête.

En fait, il fallut à Rich près d'un an et demi pour surmonter ses craintes. Ils se concertèrent beaucoup, choisirent de concert la destination et les modalités du voyage. Pour finir, ils furent très heureux de leur séjour, s'amusèrent beaucoup et se découvrirent mieux. Cela avait valu le coup d'attendre. S'ils étaient partis plus tôt, ces vacances auraient peut-être tourné au désastre et porté un coup définitif à leur relation encore fragile.

Être détendus et autonomes contribuera grandement à faire de vos vacances ensemble un plaisir et non une épreuve.

Cadeaux, cadeaux

Acheter un cadeau à une femme peut se transformer en véritable séance de torture pour un homme. Bien évidemment, sauf si c'est un incorrigible pingre, il rêve de lui dénicher l'objet parfait dont elle raffolera. Malheureusement, l'idée qu'il s'en fait est souvent à mille lieues de celle de sa petite amie. Aussi, lorsqu'il cherche ce cadeau si spécial pour la femme de sa vie, il doit s'efforcer de penser comme elle, ce qui est un exercice aussi périlleux qu'épuisant. Et, inévitablement, parce qu'il ne se sentira pas à la hauteur, il finira par en retirer de la frustration. Un homme n'aime pas penser comme une femme, et il n'est pas non plus capable de le faire bien. Il se pourrait même qu'il finisse, en désespoir de cause, par demander à sa sœur ou à sa mère de l'aider !

Pendant des semaines, il arpentera comme une âme en peine les boutiques en tout genre, traînant son spleen d'homme dépourvu d'inspiration... Si vous le pouvez, aidez-le l'air de rien par des allusions discrètes qui lui feront gagner du temps.

Lorsque le moment de vérité arrive et que vous ouvrez le cadeau, essayez de vous rappeler le temps qu'il a passé à sa recherche et l'effort que cela lui a demandé. S'il s'est complètement trompé et qu'il a choisi quelque chose que vous n'aimez pas du tout, le pire que vous puissiez faire serait de montrer votre déception. Cela le blesserait beaucoup plus que vous ne l'imaginez. Plaisanter ou vous moquer du cadeau n'est pas non plus une bonne idée d'autant que, souvenez-vous, sa mère l'a peut-être aidé à le choisir !

La prochaine fois, lorsqu'une occasion se présentera, *aidez-le*. Et le grille-pain horrible qu'il vous avait offert l'année dernière pour la Saint-Valentin se transformera en ces superbes boucles d'oreilles qui vous vont si bien.

Lorsque nous sommes partis tous les trois en Espagne pour y passer des vacances en célibataires,

Brad eut l'idée d'acheter un cadeau pour sa petite amie. Il passa de nombreuses heures à écumer les marchés, les boutiques de cadeaux et les magasins de mode. Mais, pour finir, il ne dénicha rien qui lui parut assez bien pour elle. À chaque fois qu'il s'arrêtait devant quelque chose, il finissait par renoncer, craignant de se tromper. Cela devint une telle obsession que notre programme de vacances se concentra presque exclusivement sur les quartiers commerçants ! À la fin du voyage, il n'avait toujours rien trouvé. En désespoir de cause, il se rendit dans une Body Shop à l'aéroport de Madrid et acheta un assortiment de savons. Il faut reconnaître que ce n'était pas le cadeau parfait à rapporter d'Espagne ! Lorsqu'il l'offrit à son retour à sa petite amie, il lut immédiatement la déception sur son visage. Cela le blessa beaucoup plus qu'elle ne pouvait l'imaginer et il y eut un froid entre eux pendant quelque temps. Il lui en voulut de ne pas apprécier son geste après tout le temps et les efforts dépensés pour chercher vainement son bonheur.

Pour un homme, accepter un cadeau est une expérience bien plus plaisante que de chercher à en offrir un et il se montrera souvent bien moins difficile qu'une femme.

Femme au foyer

En cette époque d'indépendance et d'égalité des sexes, les hommes regrettent parfois secrètement de ne plus trouver de fée du logis à la maison. Cela ne veut pas dire qu'il s'agisse là d'un idéal. Un homme moderne a depuis longtemps compris (du moins nous l'espérons !) qu'une femme cherche aujourd'hui à mener sa propre carrière, qu'elle défende ses idées et ses aspirations. Nous aimons toutefois que nos compagnes, aussi indépendantes et soucieuses de leur carrière soient-elles, montrent malgré tout un peu d'attachement à leur intérieur.

On ne le répétera jamais assez, même si cette vérité agace nombre d'entre nous : les hommes adorent être maternés et pris en charge par les femmes. Ils aiment qu'elles les dorlotent, leur fassent la cuisine, choisissent leurs vêtements ou s'efforcent de leur créer une ambiance de confort et de paix à la maison. D'accord, cela semble ringard et odieusement réactionnaire, mais c'est une réalité éternelle. En rentrant le soir, nous aimons remarquer vos mille et une petites attentions domestiques, comme d'avoir concocté le plat que nous aimons ou d'avoir courageusement déversé dans la machine à laver notre sac de linge sale !

Il y a, évidemment, d'autres moyens de gagner le cœur d'un homme, et il ne s'agit ici que de questions de détails. Mais ces détails peuvent considérablement améliorer l'atmosphère à la maison. En fait, chacun de ces petits gestes affectueux est une preuve d'amour. Ils nous rappellent des souvenirs du bon vieux temps quand notre mère nous dorlotait. Nous sentons alors que vous nous manifestez un réel intérêt, que vous avez envie de nous voir heureux.

Il ne s'agit nullement de vous transformer en soubrettes ou en esclaves !... Encore une fois, nous vous aimons fortes et indépendantes. Mais préparer de temps en temps un bon repas ou repasser notre pantalon n'a rien de dévalorisant à nos yeux, bien au contraire... Si vous faites parfois ces petites choses, cela montrera que vous tenez à nous.

Chris avait ainsi une relation sérieuse avec une fille dotée de certaines vertus domestiques. Après être arrivée chez lui, en dix minutes et tout en bavardant de ce qu'ils avaient fait dans la journée, elle faisait un peu de ménage. Pas des choses difficiles comme passer l'aspirateur ou laver les carreaux, juste des petits aménagements qui donnaient en deux minutes une meilleure apparence à l'appartement. Chris appréciait énormément et cela ne demandait pas un gros effort de la part de la fille. Ranger son appartement en désordre est un cadeau que vous pouvez offrir à votre homme sans que cela vous épuise. Il vous en vouera une éternelle reconnaissance.

La vie moderne est exigeante et stressante. Il est tellement plus facile de la supporter quand on l'allège par de petits témoignages de chaleur humaine, même dans des domaines aussi triviaux que les détails de la vie quotidienne. Et, d'ailleurs, nous vous le rendrons bien dans d'autres domaines... Est-ce que vous n'aimez pas que nous vous aidions à déplacer une étagère, que nous allions vous chercher à l'aéroport, ou que nous dépannions votre ordinateur ?

Son précieux petit carnet...

Vous savez qu'il se trouve quelque part et vous détestez le fait qu'il ne l'ait pas jeté. Oui, c'est le tristement célèbre « carnet noir », – ce petit agenda usé qu'il trimballe depuis des années et qui ne le quitte jamais. Vous le détestez parce que vous avez l'impression que ce minable petit carnet en sait plus long sur sa vie que vous. Il y note tout en gribouillis qu'il est le seul à pouvoir déchiffrer : ses rendez-vous, ses pensées, ses projets. Ces pages couvertes de signes cabalistiques sont comme un filet de sécurité à ses yeux. C'est une partie de son histoire, de sa vie, de sa liberté. Naturellement, et cela vous énerve, vous êtes certaine qu'il s'y trouve encore les noms et les numéros de téléphone d'anciennes petites amies qu'il garde comme autant de trophées. Ils ne correspondent plus à rien mais il aime l'idée de conserver ce lien avec son passé.

Ne soyez pas jalouse ! Il vous aime et, pour lui, tout cela est de l'histoire ancienne. Lorsqu'il est d'humeur mélancolique et nostalgique, il se peut qu'il le consulte pour se sentir mieux. Il vous arrive de ressentir la même chose que lui lorsque vous feuilletez un vieil album de photos et que vous regardez des clichés de vous plus jeune et de vos anciens amis et petits amis. Ce sont des moments privilégiés et intimes que vous êtes la seule à pouvoir apprécier. L'occasion de revenir sur votre passé, d'évaluer le chemin parcouru.

C'est ce que nous ressentons pour notre carnet noir. C'est étrange, mais nous éprouvons un sentiment de sécurité de savoir qu'il existe et qu'il est rangé dans un lieu sûr. Il nous est difficile de comprendre pourquoi c'est ainsi, alors nous n'attendons pas que vous le compreniez non plus.

Tout ce que nous vous demandons, c'est de ne pas en prendre ombrage, de ne pas nous harceler pour qu'on s'en débarrasse ou, pis, d'essayer de le consulter en douce. Ce serait à nos yeux aussi sacrilège que, pour nous, de lire votre journal intime. La meilleure manière de gérer cette situation est de ne pas aborder le sujet et de laisser les choses se faire naturellement. Il viendra un moment où votre cher et tendre prendra de la bouteille et se débarrassera volontairement de ce dernier vestige de sa jeunesse insouciante. Mais pour cela il doit être prêt. Jeter son cher petit carnet noir sera l'un des derniers gestes symboliques d'engagement total à votre égard, et le mariage ne sera pas loin !

Respectez cet attachement à notre passé de célibataire. Nous sommes ainsi faits. C'est-à-dire pas comme vous... C'est pareil pour notre besoin de sortir avec les copains, notre fanatisme sportif, notre désir de regarder des femmes nues ou encore notre panique devant les anniversaires à souhaiter, les dîners mondains et les cadeaux à faire : nous n'essayons pas de vous irriter ou de vous blesser en nous comportant ainsi. Nous manifestons seulement notre nature masculine. Si les femmes comprenaient mieux cela, nos relations avec elles seraient mille fois plus harmonieuses.

10. L'art d'aimer

Ces moments romantiques...

Imaginez-vous sur une plage baignée de lune, au côté de votre bien-aimé. Vous partagez une bouteille de vin en échangeant des mots tendres et en vous caressant doucement. Les étoiles brillent au-dessus de votre tête, l'océan scintille sous l'éclat de la lune. Vous entendez le lent ressac des vagues sur la grève. Son regard et la manière dont il vous touche sont pleins de sens.

À présent, imaginez-vous à la lueur d'une bougie, dans un restaurant. Vous êtes si bien ensemble que vous en oubliez le monde qui vous entoure. Les bougies sont à moitié consumées et la bouteille de vin italien est vide. Vous ne parlez pas, vous vous regardez simplement dans les yeux. Il place tendrement sa main sur la vôtre...

Voilà certains des moments les plus intimes que vous rêvez de passer avec votre petit ami. Les imaginer vous a probablement fait chaud partout et a amené un sourire sur votre visage. Malheureusement, un homme a beaucoup de mal à imaginer ce genre de situations et y penser – si cela lui arrive... – n'amène probablement pas de sourire sur ses lèvres. En fait, et pour tout dire, le romantisme si prisé des femmes lui porte sur les nerfs. Il a l'impression qu'il s'agit d'une perte de temps, d'un excès de sentimentalisme. Si certains hommes, heureusement, y prennent occasionnellement plaisir, nombreux sont ceux qui préféreraient s'en dispenser. Toutes ces années passées à jouer les durs dans son enfance et, plus tard, à tenter de s'imposer dans sa vie professionnelle ont forgé en lui d'autres priorités.

Si nous comprenons parfaitement à quel point rêver est important pour une femme, nous détestons qu'elle nous force à jouer les romantiques malgré nous. Le sens du romanesque n'est pas quelque chose que l'on peut imposer, il doit venir de l'intérieur, naturellement. Les gens ont du mal à être ce qu'ils ne sont pas. Si un moment d'intimité nous semble trop artificiellement préparé, nous nous sentirons piégés et mal à l'aise. Vous pouvez dire en souriant : « Tu sais que j'adore recevoir de toi une carte ou une fleur », mais ne cherchez pas à mesurer notre amour pour vous à l'aune de notre romantisme. Si un homme comprend que vous n'êtes pas heureuse de la manière dont il vous exprime son amour, il peut penser que vous vous intéressez plus à la forme qu'au fond et que vous n'êtes pas réellement attachée à lui.

Si toutefois vous jugez que votre petit ami est dénué de toute sensibilité et qu'il est incapable de vous apporter un minimum de romantisme, c'est peut-être le signe évident que vous n'êtes pas compatibles. Ne croyez pas que cela va changer. Essayer sans arrêt de lui imposer des situations qu'il déteste risque de faire tourner votre relation à l'aigre.

Pourquoi ne dit-il jamais « je t'aime » ?

Ce genre de déclaration est souvent un exercice ardu pour certains hommes. C'est particulièrement vrai la première fois qu'un homme déclare sa flamme à une femme. C'est une décision majeure pour lui d'exprimer aussi directement ses sentiments à votre égard. Il y a pensé et repensé longtemps avant de faire le grand saut. Certains trouvent cela si difficile qu'ils évitent même de le dire. Encore une de ces attitudes machos où le niveau de testostérone modifie la manière de penser.

Nous savons parfaitement à quel point il est important que votre petit ami vous dise qu'il vous aime. Si vous êtes amoureuse et si vous pensez qu'il vous aime, il y a certaines choses que vous pouvez faire pour accélérer sa déclaration sans causer de tort. Vous pouvez engager une conversation légère pour lui dire à quel point vous sentez que vous êtes devenus proches, combien vous aimez vous trouver en sa compagnie. Choisissez toutefois soigneusement votre moment.

Ce genre de conversation subtile a plusieurs avantages. Le premier est de réveiller votre petit ami et de lui faire comprendre combien votre relation est profonde. Beaucoup d'hommes ont une vie très occupée et n'aiment pas analyser trop avant leurs sentiments ou s'occuper de choses qui leur paraissent aller très bien. Ils ont tellement l'habitude d'éteindre des incendies au boulot et de gérer leur stress quotidien que, si leur relation avec leur petite amie ne pose apparemment aucun problème, ils pensent qu'il n'est pas nécessaire d'en faire un sujet de conversation. À leurs yeux, il n'y a qu'une seule réponse nécessaire et suffisante lorsqu'ils vous disent « je t'aime », c'est que vous répondiez : « Je t'aime aussi ». Toute autre déclaration blesserait leur ego et les rendrait moins sûrs d'eux. La seule idée de tomber à côté de la plaque les rend malades. Aussi retardent-ils autant qu'ils le peuvent le moment de vous déclarer leur amour.

Voilà pourquoi, si vous prenez les devants pour lui faire comprendre combien vous êtes attachée à lui, il sera rassuré et osera probablement franchir le pas. Si un homme vous aime, il finira par vous le dire. Mais vos mots d'encouragement feront merveille pour accélérer sa déclaration d'amour.

Attention, ne vous lancez pas trop tôt à dire « je t'aime » avant d'être sûre que vos sentiments sont partagés. Il y a de bonnes raisons à cela. Il nous semble que, en moyenne, les femmes tombent plus vite amoureuses que les hommes. Une fois qu'elle est vraiment éprise, une femme éprouve le besoin ardent de le dire à son petit ami. Mais c'est imprudent. Imaginez votre gêne si, après lui avoir avoué que vous l'aimez, vous constatez qu'il s'en trouve tout embarrassé et ne sait pas quoi répondre ! S'il n'est pas du tout sur la même longueur d'ondes, il ne saura plus où se mettre et se sentira coupable... Ou bien il va carrément paniquer à l'idée de devenir prisonnier de votre passion. Il sait qu'il n'a que quelques secondes pour réagir et, la plupart du temps, se sent totalement à court d'idées pour ne pas vous blesser. Il sait aussi que, comme pour lui, vous avez besoin d'entendre une réponse positive et qu'elle doit être rapide. Or, l'amour – le vrai – n'est pas quelque chose à quoi nous pensons pendant une minute ou deux ou que nous déclarons machinalement en pensant à autre chose. C'est une émotion puissante dont les racines plongent au plus profond de nous-mêmes. Alors, pitié, ne le forcez pas à vous mentir et à vous faire croire qu'il vous aime, simplement parce qu'il n'aura rien trouvé d'autre à dire et qu'il ne voudra pas vous faire de peine ! Si vous l'intéressez vraiment mais qu'il ne vous aime pas encore, il craindra de vous perdre ou de vous rendre malheureuse.

Malheureusement, presque instantanément, il va réaliser qu'il est en train de vivre un mensonge et commencer à se sentir mal à l'aise et tendu. Étant donné que les hommes ne savent pas bien communiquer leurs émotions, la situation va forcément s'envenimer. Alors, suivez notre conseil, laissez-le dire « je t'aime » en premier.

Après l'épreuve de la déclaration d'amour mutuelle, un autre obstacle doit être franchi. Il semble que les femmes aiment les déclarations d'amour verbales répétées. Notre Créateur nous a joué encore un tour en faisant des hommes les exacts opposés des femmes à cet égard. Cela les agace d'avoir à vous dire « je t'aime » sans arrêt, du matin au soir. Nous en connaissons même qui ne le disent jamais. Cela semble étrange, mais même si votre petit ami vous aime de tout son cœur, il peut se sentir gêné d'avoir à l'exprimer tout haut. Plus vous insisterez pour qu'il vous le dise en lui demandant constamment : « Tu m'aimes ? » plus il se repliera sur lui-même – et cela se terminera par une dispute.

Souvenez-vous, les hommes ne savent pas bien communiquer leurs émotions. Si nous ne sommes pas très bons pour les déclarations d'amour en privé, nous sommes encore plus mauvais lorsqu'on nous demande de parler de nos sentiments en public. Ne mettez pas votre petit ami au pied du mur devant témoins car cela l'embarrassera horriblement. Il aura l'impression de se déshabiller devant tout le monde et vous en voudra beaucoup de lui forcer ainsi la main. Rappelez-vous, son amour pour vous ne doit pas être évalué au nombre de fois où il vous dit qu'il vous aime. La plupart des hommes manifestent leur attachement par des actes, non par des mots.

Il déteste aborder des sujets importants à la maison

Nous savons que la communication est la clé du succès d'un couple. Toutes les relations conjugales réussies sont fondées sur un véritable échange. Mais cet idéal n'est pas toujours facile à atteindre car, nous l'avons vu, les hommes évitent de révéler ce qu'ils ressentent vraiment. Un homme peut être un excellent médiateur dans son travail, communiquer sans complexes avec des partenaires professionnels difficiles et exigeants mais, avec sa petite amie, c'est une autre histoire. Alors, quand il rentre à la maison, fourbu par une longue et fastidieuse journée de boulot, ne vous jetez pas sur lui pour l'accabler de questions sur des sujets aussi importants à vos yeux que l'avenir de votre couple et la qualité de ses sentiments pour vous...

Le manque de communication entraîne d'autres effets pervers et notamment une progressive dégradation des rapports pour des questions, parfois, de détails insignifiants : prendre trop de temps pour passer la commande au restaurant, ne pas remettre le bouchon sur le tube de dentifrice, oublier d'acheter le journal ou être en retard à un dîner d'amis. Lorsque vous laissez ces petites frictions s'accumuler entre vous sans en parler, elles finissent par prendre de plus en plus d'importance. Tout devient alors prétexte à dispute. Une fois que le désaccord éclate, il est trop tard et vous n'êtes plus en état de négocier. Toutes griffes dehors, vous vous affrontez comme deux chats en colère et ces agaçantes broutilles deviennent une véritable affaire d'État.

Lorsque la communication est mauvaise dans un couple, une dispute qui a commencé pour une chose sans importance peut faire éclater la troisième guerre mondiale. Brad vivait ainsi une relation avec une femme avec laquelle il ne parvenait pas à communiquer. Ils se trouvaient en vacances en Floride lorsqu'ils commencèrent à se disputer sur le choix du restaurant ce soir-là. Plutôt trivial, n'est-ce pas ? Pourtant la dispute s'envenima et, rapidement, le ton vira à l'aigre, ils en vinrent à se jeter à la figure toutes sortes de reproches. Chaque petite contrariété était en train de se transformer en fureur. Ils ne parlaient jamais de leurs problèmes, alors comment auraient-ils pu savoir ce qui se passait réellement entre eux ? La discussion prit bientôt une tournure assez vilaine : la petite amie de Brad se retrouva dans le hall de l'hôtel avec sa valise, menaçant de s'envoler immédiatement pour New York et de planter là notre ami. Ils finirent par se réconcilier et reprirent cahin-caha le cours de leurs vacances. Mais nul besoin d'être un génie pour savoir que cette relation était vouée à l'échec.

Quand le temps est à l'orage

La dispute fait partie de toute relation de couple. Le tout est de maîtriser la manière de discuter des problèmes plutôt que de s'embrouiller et de se blesser mutuellement pour un oui ou pour un non. Si les hommes sont peu doués pour exprimer ce qu'ils ressentent, les femmes sont également capables de rester muettes comme des carpes quand elles sont en colère. C'est le coup classique de la bouderie qui

n'en finit pas. Pourtant, c'est là le pire des comportements et la politique du silence, que ce soit chez un homme ou chez une femme, est la plus dangereuse des solutions. C'est un signe de mauvaise volonté et d'immaturité, une incapacité chronique à affronter et gérer un problème. Un homme est assez intelligent pour comprendre que quelque chose ne va pas, mais s'il choisit de s'enfermer dans le silence, il ne réussira jamais à comprendre de quoi il retourne. Il ne sait pas lire dans l'esprit des autres et se persuade que la psychologie féminine est aussi difficile à déchiffrer qu'une table de hiéroglyphes. Il a l'habitude de ses amis hommes, qui lui parlent franchement et le mettent directement en face des problèmes. Pourtant, si les hommes n'aiment pas parler des problèmes de couple avec leurs petites amies, ils savent parfaitement, au fond d'eux-mêmes, que c'est un mal nécessaire et feront l'effort de sortir de leur mutisme si les femmes veulent bien faire la moitié du chemin.

Voici quelques trucs sur la manière dont les hommes se disputent qui vous aideront à gérer cette partie inévitable de votre relation. Lorsque nous nous querellons entre copains, nous avons tendance à crier fort. Encore une question de niveau de testostérone. Pour une raison qui nous échappe, nous croyons que si nous crions aussi fort que Tarzan, nous allons remporter le combat. Plus important encore, les hommes ont besoin d'être entendus. Si vous n'écoutez pas votre petit ami ou si vous l'interrompez, il prendra ça comme une gifle en plein

visage. Même si vous n'êtes pas d'accord avec ce qu'il a à dire, écoutez-le. Vous aurez au moins un regard différent sur le problème. En ne l'écoutant pas, vous lui faites comprendre que vous n'accordez aucune valeur à son opinion et qu'il n'a rien d'intelligent à dire. C'est très insultant pour lui et cette attitude risque d'entraîner une escalade dans une situation déjà hostile.

La vérité est que, souvent, les femmes choisissent le plus mauvais moment pour parler de ce qui les préoccupe. Un match de football ou un agréable dîner ne sont pas les conditions idéales pour discuter de problèmes ou entendre des récriminations. Plus important encore, les hommes ont souvent du mal à comprendre et à interpréter ce que les femmes essayent de leur dire. Ils réagissent envers elles comme ils réagiraient envers leurs copains car c'est la seule chose qu'ils connaissent. Malheureusement, cette méthode se retourne souvent contre eux parce que les femmes ne veulent pas entendre les mêmes choses que les hommes. Cela n'a rien à voir avec l'amour qu'un homme porte à une femme, il ne sait tout simplement pas comment se comporter avec elle. « Balourd, maladroit, têtu... », traitez-nous de tout cela et vous aurez raison. Mais sachez, vous aussi, vous montrer patiente ! Rappelez-vous que nous ne sommes vraiment pas faits du même bois !

Si vous vous retrouvez à discuter avec votre petit ami ou à exprimer des reproches et que vous voyez qu'il a l'air déconcerté, essayez de dire ce que vous avez à dire de manière plus directe. Les hommes ont

l'habitude de résoudre des problèmes pratiques, et peuvent donc répondre à des demandes clairement formulées. Être directe tout en étant aimante peut permettre une meilleure communication.

Mais parfois les femmes ne permettent pas aux hommes de réagir de façon cohérente et honnête. Elles ont tendance à se mettre en boucle, à seriner d'éternelles lamentations en forme d'interrogations telles que : « Est-ce que tu me trouves grosse ? » Quelle est la femme qui peut se vanter n'avoir jamais posé cette brillante question à son petit ami ? Et quel est l'homme qui a jamais eu le courage de répondre « oui » à cette question qui n'appelle, en réalité, aucune réponse ? Dans de telles situations, les hommes se retrouvent coincés. S'ils disent non, les femmes pensent qu'ils mentent. S'ils disent oui... Laissez tomber, aucun homme sain d'esprit ne dirait oui !

Les couples qui communiquent bien ont des relations plus transparentes et, par voie de conséquence, plus légères. Si votre petit ami a confiance en vous, et vous en lui, il n'y a aucune limite au succès de votre histoire. Cela lui a sans doute pris du temps pour oser se montrer à vous dans toute sa vulnérabilité, et vous avez probablement été très patiente. Vous avez réalisé à quel point il lui était difficile de s'ouvrir et vous ne l'avez pas découragé dans ses efforts une fois qu'il a commencé à se dévoiler. Vous avez passé de mauvais moments lorsque vous pensiez qu'il ne tenait pas assez à vous mais, en lui permettant d'aller à son propre rythme et en n'essayant pas de lui arracher plus d'informations qu'il n'était prêt à vous donner, vous l'avez encouragé. Il a été capable de comprendre que le fait de s'exprimer n'était pas si douloureux, et il est mieux à même désormais de le faire de nouveau.

Réveille-matin

Dans les relations qui ont atteint un stade plus avancé, passer la nuit et vivre ensemble sont des sujets qui sont inévitablement soulevés. Où passer la nuit ? Chez vous ou chez lui ? Parfois, un lieu l'emporte sur l'autre. Il habite peut-être plus près de l'endroit où vous travaillez tous deux, ou son appartement est plus grand ou, au contraire, son petit deux-pièces-cuisine américaine manque d'intimité. Par exemple, Rich et sa petite amie passaient la plupart de leurs nuits chez lui parce qu'il résidait plus près du bureau où elle travaillait. Les problèmes se posent lorsque aucun des domiciles n'est plus commode que l'autre. Il est inévitable que des tensions surgissent quand aucun des deux n'est motivé sur le choix de tel ou tel appartement. Il se peut que votre petit ami ait l'impression d'être plus souvent chez vous que chez lui et, de guerre lasse, vous demande d'intervertir un peu les rôles, histoire de retrouver un peu de sa propre intimité. Pensez donc à accepter des compromis et à éviter d'inutiles querelles.

L'appartement d'un homme est son château. C'est un lieu sacré pour lui. Vous proposer d'y laisser des vêtements ou autres effets personnels est un pas difficile à franchir en ce qui le concerne. C'est le premier signe réel que son bien le plus précieux – son intimité alors inviolée – est en train d'être annexé par votre présence. Et il pourrait se mettre soudain à penser qu'un pyjama abandonné sur son lit ou des sous-vêtements laissés dans l'armoire à linge sale sont les preuves tangibles de la fin de sa liberté. Alors, évitez de laisser vos affaires traîner dans son appartement. Ne lui donnez pas l'impression que vous êtes en train d'envahir sournoisement son domaine privilégié. Laissez-lui le choix.

Brad sortait avec une fille qui passait la nuit chez lui de temps en temps. Un jour, il remarqua qu'elle avait laissé traîner une brosse à dents dans la salle de bains. Il paniqua brusquement en réalisant que la relation était peut-être en train de devenir plus sérieuse qu'il ne le souhaitait. Le simple fait de trouver cette brosse à dents l'effraya assez pour lui souffler de mettre la pédale douce à leur relation.

Autre problème, celui des clés. Une fois qu'une femme a les clés de l'appartement de son petit ami, finies l'indépendance et la vie privée ! Sa porte peut s'ouvrir à tout instant et aux moments les plus inattendus. Cela ne veut pas dire qu'il a peur d'être surpris avec une autre femme. Mais quelqu'un d'autre que lui a désormais accès à son territoire personnel, à son intimité la plus secrète. Jusqu'ici il pouvait traîner en short, boire une bière, ne pas faire le ménage si cela lui chantait. Désormais, il se sent sous surveillance permanente. Le domicile d'un homme est un lieu privilégié où il peut faire absolument tout ce qu'il veut. Il n'a plus besoin d'impressionner une femme, de jouer les pros devant son patron ou de supporter les problèmes de ses amis. Il peut se détendre et être lui-même. Dès qu'une femme a les clés de son domicile, tout cela change. Il perçoit cela comme une étape terriblement décisive sur le chemin de la vie à deux, ce qui lui apparaît plutôt comme une perspective effrayante.

Et s'il m'offrait une bague ?

Pouvez-vous vivre avec un homme avant de l'épouser ? Nous pensons que c'est une bonne idée, mais seulement si vous êtes tous les deux sur le point de vous marier. La plupart des hommes que nous connaissons n'imaginent pas partager leur existence avec une femme s'ils ne sont pas sûrs à près de 100 % de finir par la demander en mariage un jour ou l'autre. Il est vrai aussi que nous entendons souvent parler d'amis qui emménagent avec leur élue alors que l'idée de mariage ne leur a pas encore traversé l'esprit, mais nous croyons que ces types sont faciles à identifier. La règle est simple : *ne décidez pas de vivre avec un homme avec lequel vous n'avez pas une relation extrêmement sérieuse. Ne prenez jamais une décision aussi grave au tout début de votre aventure ou pour des raisons économiques.*

La question la plus difficile est de savoir s'il faut emménager avec un homme qui s'est engagé avec vous et que vous aimez et désirez épouser. De son côté, il abandonne son palais et sa liberté et il ne franchira ce cap que pour une femme qu'il pense sérieusement épouser. Il est évident que deux êtres faits l'un pour l'autre deviennent plus proches lorsqu'ils vivent ensemble. Et il est inévitable que la relation se renforce et que la bague de fiançailles arrive plus tôt que plus tard. Si un homme a très envie de vivre avec une femme, il est probable qu'il ne se fiancera pas avant d'avoir vécu avec elle. Une femme qui dit qu'elle ne veut pas vivre avec son petit ami risque alors de créer une impasse dans la relation.

Le moment de vivre ensemble, c'est quand vous êtes dans une relation profonde et que vous parlez de fiançailles.

Supporter la jalousie

La jalousie est un sentiment naturel et sain lorsqu'il garde des proportions raisonnables. Vous ne devez pas craindre de le ressentir si vous aimez quelqu'un. En fait, vous devriez plutôt vous interroger sur la véritable nature de vos sentiments pour votre petit ami si vous ne ressentez jamais une pointe de jalousie de temps en temps. Si ce sentiment est fondé, et s'il ne se rend pas compte de ce qu'il fait pour vous rendre jalouse, dites-le-lui. Les hommes ont besoin d'être remarqués et de savoir qu'ils sont désirables aux yeux de leur partenaire. Cela les entraîne souvent à flirter avec d'autres femmes, ne serait-ce que pour la mettre à l'épreuve et tester son attachement. Même follement amoureux, ils adorent regarder les jolies femmes et peut-être flirter avec elles, sans que cela prête à conséquence à leurs yeux. Aussi difficile que ce soit à supporter, cette attitude n'est pas dirigée contre vous. Si cela vous met mal à l'aise et que vous sentez que cela fait du tort à votre relation, alors il n'y a rien de mal à soulever le problème (souvenez-vous de ce que nous avons dit sur la nécessité d'une constante communication). Mais choisissez votre moment ! Attendez-vous à ce que votre petit ami soit sur la défensive. Il ne voudra jamais reconnaître qu'il a louché sur les jambes ou les seins de telle ou telle femme parce qu'il ne veut pas vous blesser. Mais, tout au fond de lui, il sait ce qu'il a fait. Il est peut-être trop naïf pour réaliser que vous pouvez lire dans son jeu.

Si votre jalousie est sans fondement, alors la situation devient des plus délicates. Il n'y a rien de plus frustrant pour un homme que d'être vraiment amoureux de sa partenaire, de n'avoir aucune intention de la trahir et, pourtant, d'être sans cesse accusé ou soupçonné de s'intéresser à une autre femme. Cela le met définitivement sur la défensive parce qu'il a le sentiment de n'avoir rien fait de mal. C'est aussi un manque de confiance en vous. Au lieu de tourmenter votre petit ami en l'accusant à tort, prenez du recul. Observez la manière dont il vous traite, l'expression de son visage lorsqu'il vous revoit le soir, rappelez-vous ses caresses. Voilà les signes qui vous permettent de savoir s'il vous aime vraiment et si vous êtes bel et bien la femme de sa vie.

Affronter un homme jaloux peut être également une source de problèmes sans fin. Un jaloux se bat avec l'idée qu'un autre peut rendre sa petite amie plus heureuse et la traiter mieux qu'il ne le fait. Cette pensée exerce des ravages sur lui et sape sa confiance en lui. Il se sent non désiré et cette émotion lui est difficile à gérer. Il se retrouve confronté à un dilemme : affronter sa petite amie et dévoiler sa vulnérabilité, ou se taire et laisser les soupçons empoisonner son existence. La meilleure façon d'apaiser la jalousie d'un homme est de ne pas oublier de caresser un peu son ego, de le rassurer sur votre amour, de lui répéter qu'il n'y a personne d'autre que lui. Il en a besoin pour résoudre son problème et comprendre combien vous l'aimez. Alors ne vous économisez pas et répétez-lui aussi souvent que possible combien la vie avec lui est, pour vous, la seule imaginable.

Ce qu'il ne faut absolument pas faire est d'essayer d'enflammer sa jalousie en croyant, à tort, que cela le rapprochera de vous. Cette attitude aussi risquée que puérile ne fera, au contraire, que l'éloigner. Lorsqu'un homme se sent exposé, il prend ses distances. S'il croit que vous êtes en train de le laisser tomber, il peut très bien tenter d'atteindre la ligne d'arrivée avant vous. S'il pense que vous essayez de traficoter avec des hommes derrière son dos, il vous rendra la pareille.

Lorsque la relation se renforce, les deux auront à affronter le sujet des « ex ». Nous pensons que c'est une bonne idée, à un certain moment, de tout mettre sur la table et d'en parler à cœur ouvert. Généralement, les hommes veulent tout connaître d'une femme avant de s'engager avec elle. S'ils détestent entendre quelques vérités désagréables sur le passé amoureux de leur petite amie, ils ont malgré tout l'impression qu'ils ne peuvent prendre aucune décision sérieuse la concernant s'ils ne connaissent pas tout de ce passé. Ils savent ainsi où ils vont et peuvent affronter la situation à leur manière. Si quelque chose de dérangeant ressortait plus tard, tel ou tel secret de votre passé que vous n'auriez pas eu le courage de lui avouer, ce serait dévastateur pour votre couple. Non seulement il se sentirait trahi mais il comprendrait que vous ne lui avez pas accordé la confiance qu'il attendait.

Il est très important de faire comprendre à votre partenaire que toutes les relations avec vos ex sont définitivement terminées. Pas d'aventures qui s'attardent, qui restent en suspens, pas de « que se passerait-il si... ? ». Vos amours défuntes doivent le rester. Si votre cher et tendre croit deviner que vous continuez encore d'en pincer pour l'un de vos anciens flirts, il se sentira menacé et pourrait bien ne pas vouloir poursuivre votre histoire. Il ne veut pas se mettre dans une position plus vulnérable que celle dans laquelle il se trouve déjà en vous accordant son amour. Si vous tombez par hasard sur un ex, montrez-vous polie mais distante. Si vous sortez avec votre ex boire un verre ou dîner ensemble, votre petit ami pourra à la rigueur se convaincre que vos intentions sont pures mais il sera bien moins certain de celles de votre ex. Nous avons été comme lui dans le passé et nous savons parfaitement ce qu'il pense. Une fois qu'un type a couché avec une femme, il s'en souvient toujours lorsqu'il la voit. Maintenir quelque relation que ce soit avec votre ex-petit ami risque d'être désastreux pour votre relation actuelle.

S.O.S. – Problèmes au paradis

Afin d'éviter d'entretenir une relation qui ne mène plus nulle part, essayez d'être à l'écoute de tous les indices physiques, émotionnels et verbaux qui vous révéleront que votre couple vit ses derniers moments. Souvent cela commence par un changement dans votre vie sexuelle. Vos rapports amoureux manquent de leur intensité habituelle, les préliminaires – ou du moins le peu qu'il vous accorde généralement – sont réduits au minimum ou sont même inexistants, quant à la tendresse après l'amour, elle diminue à vue d'œil. En d'autres termes, vous avez l'impression que votre ami vous fait l'amour pour faire l'amour, qu'il est devenu fuyant, insaisissable, et que la passion est au plus bas.

Dans le même temps, il s'intéresse moins à ce qui vous arrive, cesse de vous poser des questions sur votre travail ou évite de parler de votre famille. S'il pense à rompre la relation, il arrêtera bientôt de passer la nuit avec vous et inventera mille excuses pour que vous ne veniez plus dormir chez lui.

Pire, il est peut-être en train de projeter de partir en vacances avec ses amis plutôt qu'avec vous. Vous n'êtes plus invitée à certaines réunions de sa famille auxquelles vous étiez conviée dans le passé. Soyez à l'affût des excuses du genre : « Désolé, je suis vraiment crevé ce soir. On se voit demain ? » ou : « J'ai un boulot terrible, un maudit rapport à finir ce week-end. On se rappelle dans la semaine, d'accord ? » Les hommes détestent faire souffrir les femmes auxquelles ils ont tenu profondément. Ils préfèrent envoyer ces signaux pour laisser tomber la femme peu à peu et – du moins l'espèrent-ils – sans douleur.

De nouveau, nous soulignons à quel point la communication est importante. S'il est fâché contre vous pour telle ou telle raison et qu'il n'en discute pas, essayez de vous montrer fine mouche et de lui en parler la première. Il se peut qu'il attende que vous preniez les devants en lui demandant ce qui ne va pas. Poser cette question avec calme et en essayant de vous montrer compréhensive et efficace peut l'amener à vous confier enfin ce qui le gêne. Si vous parvenez à lui faire croire que vous êtes sincèrement désireuse de l'aider à résoudre son problème et si vous réussissez à lui garantir que la discussion ne va pas se transformer en scène de ménage, il y a de bonnes chances pour qu'il s'ouvre à vous. Sinon, jusqu'à ce que le problème soit résolu, il restera distant et évasif. Il agit ainsi pour se préparer à une possible rupture et prendre du recul afin de moins souffrir lorsque la crise éclatera inévitablement.

Toutefois, lorsque c'est trop tard et que la relation n'est plus envisageable pour lui, il n'y a rien que vous puissiez encore faire. Alors que la plupart de ces signes de distanciation affective nous paraissent évidents, il semble que nombre de femmes ferment les yeux et refusent de les voir. Pourtant, tous les indices sont là pour l'inciter à quitter le navire et trouver quelqu'un d'autre. Mais nous avons vu tant de femmes s'accrocher à des relations sans issue qu'il nous est apparu nécessaire de répéter encore et encore qu'il ne sert à rien de s'entêter dans une histoire perdue d'avance. Essayer désespérément de prolonger quelque chose qui a été bon dans le passé mais qui ne correspond plus à la réalité présente est une attitude stérile et immature qui ne peut vous apporter que des souffrances. Quand le lien qui vous unissait à votre ami s'est complètement détérioré, ne vous entêtez pas à ranimer l'amour perdu.

N'oubliez pas : *une fois qu'un homme a décidé qu'une relation est finie, il y a peu de choses qu'une femme puisse entreprendre pour le faire changer d'avis ou pour regagner son cœur, quels que soient son héroïsme ou son esprit de sacrifice.*

Un jour ou l'autre, le couperet tombera inévitablement et ce sera la fin de la relation. Pas besoin d'être un génie de la psychologie pour comprendre que nous essayons tous de fuir les situations qui nous font du mal. Pourtant, il faut savoir se préparer bravement à la séparation, tourner la page et faire place nette pour une rencontre plus satisfaisante. Il est difficile de comprendre pourquoi certaines femmes persistent à entretenir des amours moribondes plutôt que d'affronter le problème et quitter la scène au plus tôt.

Il m'aime, il ne m'aime pas – L'attente

L'une des décisions les plus difficiles qu'une femme doive prendre, si elle désire se marier, est de savoir jusqu'à quel point elle doit attendre que son partenaire se décide à lui passer la bague au doigt, même s'il ne s'agit encore que d'une bague de fiançailles. Nous l'avons vu avec l'exemple de Rich et de Maria, la pire chose qu'elle puisse faire est d'exercer des pressions sur son compagnon en le harcelant en permanence. La plupart des hommes comprennent l'importance qu'une femme accorde au mariage ainsi que ses préoccupations à l'égard de son horloge biologique si elle désire des enfants. Toutefois, certains d'entre eux résistent longtemps à l'idée de perdre leur liberté. Ils ne se sentent pas forcément prêts à faire le grand saut et pensent qu'il serait plus sage d'attendre encore. Ils ne sont pas taraudés par ce même sentiment d'urgence que les femmes éprouvent vis-à-vis du mariage et de la procréation. Même s'ils aiment énormément leur petite amie, ils pensent toujours que l'herbe peut être plus verte ailleurs et que l'avenir leur réserve une rencontre encore plus sensationnelle. La société et, peut-être, la biologie les ont programmés pour jouer les machos et chercher à rencontrer de nombreuses femmes.

Si ses amis sont tous célibataires, un homme n'a pas peur de se retrouver seul en rompant un lien amoureux qui ne le satisfait qu'à moitié pour reprendre sa quête. En revanche, si ses copains se marient les uns après les autres, il va s'inquiéter de se retrouver isolé et cette anxiété peut le pousser à s'engager plus vite. À l'approche de la trentaine, beaucoup d'hommes commencent tout juste à tirer les bénéfices du long et laborieux chemin qui les a menés du collège à la fac et jusqu'à leur situation professionnelle présente. Ce parcours n'a pas toujours été facile. À présent qu'ils se sentent davantage en sécurité sur les plans social et financier, ils ont envie de profiter de la vie pendant qu'ils sont encore célibataires. Cela ne veut pas nécessairement dire qu'ils ont besoin de draguer d'autres femmes, mais qu'ils veulent s'amuser avant de se mettre la corde au cou.

Demander à une femme de l'épouser est l'une des décisions les plus importantes de la vie d'un homme. Et il repoussera cette échéance jusqu'à ce qu'il soit absolument sûr qu'elle est bien la compagne qu'il lui faut. Pour beaucoup d'entre nous, le mariage est un choix qu'il ne faut pas rater. Nous savons que, si nous nous trompons, c'est l'ensemble de notre vie qui s'en trouvera affecté. Nous voulons à tout prix éviter le cauchemar du divorce.

S'il est vraiment mordu, un homme cherchera à en apprendre plus sur la femme qu'il aime et prendra le temps de la connaître presque aussi bien qu'il se connaît lui-même avant de la demander en mariage. Idéalement, plus il passera de temps avec elle, plus leurs liens se resserreront et plus il lui sera facile d'y voir clair et de se décider. C'est ce qui se passe entre Rich et Maria. Ils sortent ensemble depuis près de trois ans mais n'ont toujours pas convolé. Rich est encore interne et ne sait pas où il pratiquera finalement sa médecine. Il sait qu'il aime Maria et qu'elle l'aime et qu'ils sont pour l'instant très heureux ainsi. Aussi ne se presse-t-il pas, même s'il sait chaque jour davantage qu'elle est vraiment la femme de sa vie et qu'ils se marieront.

Si votre petit ami ne vous a pas encore demandé de l'épouser, mais si vous savez par ailleurs qu'il vous est terriblement attaché, arrêtez de vous faire du souci et ne commencez pas à vous imaginer qu'il vous fait marcher. Peut-être êtes-vous tous deux dans la dernière ligne droite que nous mentionnions plus haut à propos de Rich et de Maria. Vous l'intéressez beaucoup, il vous aime, les rapports sexuels sont bons, vous passez beaucoup de temps ensemble, vous avez de bonnes relations avec vos familles mutuelles et vous parlez librement de votre avenir commun. Dans ce cas, pas de doutes, vous finirez par construire pour de bon votre vie ensemble. Vous êtes déjà sur le chemin des fiançailles.

Reconsidérez pourquoi vous avez tant besoin de vous marier sans attendre. Est-ce seulement pour avoir une bague au doigt, vous faire appeler « Madame X... » et en remontrer à vos copines encore célibataires ? Nous espérons que vos motivations ne sont pas aussi triviales ! S'agit-il de pressions sociale ou familiale ? Vous sentez-vous infériorisée parce que vous n'êtes pas encore mariée ? Ce sont des préoccupations légitimes mais qui ne devraient aucunement empiéter sur votre relation avec votre partenaire. Ayez le cran d'être vous-même et de ne pas vous laisser impressionner par les conditionnements sociaux. L'important est de réussir à construire un lien vraiment harmonieux avec votre ami et, lorsque vous y serez parvenue, vous serez la plus heureuse des femmes. Alors, patience ! Ne précipitez pas les choses.

Avec le temps, la relation devient plus forte et votre compagnon trouvera de plus en plus difficile d'imaginer sa vie sans vous. Profitez au mieux de cette période heureuse parce que le jour viendra où il va se dire enfin : « Bon, je saute le pas. C'est vraiment la fille qu'il me faut. » Vous l'aurez enfin votre bague au doigt ! Gardez la foi ! À quelques exceptions près, les hommes finissent toujours par se marier.

11. L'horrible vérité

La vérité sur les hommes n'est pas toujours à notre avantage, loin de là. Nous savons que, lorsque les femmes apprennent comment nous parlons entre nous, elles tiquent (« les hommes sont de vrais animaux »), ou préfèrent se montrer incrédules (« mon petit ami/mari ne dirait jamais cela ! »). Voilà pourquoi rédiger ce livre n'aurait aucun sens si nous enjolivions tout ce que nous disons. Certaines vérités sur les hommes sont laides, mais toutes les femmes doivent les connaître. Elles peuvent ainsi composer avec la réalité de ce que les hommes *sont*, pas avec l'idéal de ce qu'ils *devraient être.* Grâce à cette meilleure approche, vous pourrez éviter d'être déçue ou blessée. Nous ne cherchons pas, ici, à nous défendre. Nous souhaitons seulement nous montrer tels que nous sommes.

Horrible vérité n° 1 : Les hommes se servent des femmes pour le sexe

Ce n'est un secret pour personne que les hommes font l'amour à des femmes pour lesquelles ils n'éprouvent aucun sentiment. Si vous avez l'impression qu'on se sert de vous uniquement pour le sexe, vous avez probablement raison. Pourquoi ? Parce que, si un homme aime réellement une femme, il saura le lui faire comprendre par mille et une attentions qui la rassureront.

Il faut d'abord se souvenir qu'un homme déteste être en manque sur le plan sexuel. S'il n'a pas fait l'amour depuis un certain temps, il commence à être obsédé par la question. Qu'est-ce qui ne va pas chez moi ? Suis-je encore désirable ? L'un de nos amis nous accueille toujours avec la même question : « Est-ce que tu as baisé récemment ? » Si c'est une période de pénurie sexuelle, un homme risque de répondre quelque chose du genre : « Eh bien, je me suis fait sucer il y a trois semaines. » C'est comme ça. Il n'y a rien de pire pour nous que de vivre un état de famine sexuelle. Alors nous couchons parfois avec des femmes pour lesquelles nous n'éprouvons aucun intérêt réel. Nous voulons seulement satisfaire notre libido. Nous faisons l'amour parce que nous nous sentons seuls et que nous avons besoin de compagnie. Et pour satisfaire notre ego. Si nous traversions un désert chaud et sec et que nous voyions un cactus à une centaine de mètres, nous nous précipiterions pour étancher notre soif autant que nous le pourrions. Lorsque nous traversons une période de pénurie et que nous voyons une femme disposée à étancher notre désir sexuel, nous nous précipitons également sur elle.

Un célibataire a souvent une liste – sur le papier, ou, plus vraisemblablement dans sa tête – de femmes qu'il peut appeler uniquement pour faire l'amour. Lorsqu'il est en période de manque, cette liste est vierge, ce qui arrive souvent après une longue relation qui vient de s'achever. Il connaissait auparavant trois ou quatre femmes qu'il appelait à sa guise mais, désormais, il est hors circuit et sa liste n'est plus d'actualité. Il est d'abord désespéré, puis il essaie de réutiliser ses vieux numéros. Finalement, le manque de sexe le rend audacieux. Il est motivé pour sortir, rencontrer des femmes, obtenir des numéros de téléphone et commencer une nouvelle liste.

Comment repérer un homme qui se sert de vous ?

En tant que femme, vous êtes tout à fait capable de deviner instinctivement si votre partenaire du moment est sérieux ou pas avec vous. Un homme, quant à lui, sait toujours quand une femme attend plus de la relation que ce qu'il n'est prêt à lui offrir. Il va donc anticiper toute conversation sur le sujet et l'éviter plus vite que le toréador n'évite la charge du taureau. Une situation semblable arriva à Brad et à une femme qu'il avait rencontrée au cours d'une soirée chez lui. Il semblait lui plaire et ils s'entendaient bien. Il savait que la relation n'avait pas d'avenir mais, n'ayant pas d'autre femme dans sa vie, il pensa qu'il pourrait sortir avec elle. Ils commencèrent à avoir une relation sexuelle et les choses allaient bien tant qu'elle ne demandait rien de plus qu'une séance d'ébats amoureux le samedi soir. Lorsqu'elle lui confia un jour que ces rencontres ne correspondaient pas à son idée d'une relation, les choses en restèrent là.

Bien sûr, une femme peut se servir d'un homme à des fins sexuelles. Chris entretenait ainsi ce type de relation avec une femme de sa connaissance. Ils commencèrent à sortir et à passer de délicieux moments. Ils étaient devenus les meilleurs copains du monde, se comprenaient si bien qu'ils pouvaient prendre beaucoup de plaisir sexuel à chaque fois qu'ils en avaient envie. Il leur arrivait de se rendre ensemble à des soirées, dans des bars ou des discothèques et, si aucun d'eux ne rencontrait quelqu'un d'autre, ils terminaient la nuit de concert.

Dans ce cas, vous demandez-vous, si deux personnes s'entendent si bien, pourquoi leur relation ne s'épanouirait-elle pas pour devenir quelque chose de plus sérieux ? Eh bien, parce qu'un homme va souvent déterminer, dès le début, la nature de son lien avec une partenaire. Elle peut être intéressante, mais pas captivante. Elle est peut-être jolie, mais pas son type. Elle est agréable pour une relation sexuelle ou une amitié, mais pas assez pour devenir une compagne pour la vie. Peut-être a-t-elle couché avec lui dès la première rencontre, ce que, rappelez-vous, nous vous déconseillons. En conséquence, les intentions de l'homme risquent de se cantonner à un domaine bien précis. C'est ce qui arriva à Chris dans sa relation avec cette fille.

Brad connut, lui aussi, une expérience de ce genre. Il rencontra une femme grande, blonde, belle, et eut envie de la séduire. Elle était divorcée, âgée de vingt-trois ans, sans emploi, et de confession différente de la sienne. Brad eut le sentiment qu'ils n'étaient pas réellement compatibles. Mais il prit plaisir à leur relation sexuelle tant qu'elle dura.

Comment une femme peut-elle éviter de perdre son temps avec un type qui se sert d'elle uniquement pour le sexe ? Reconnaissez-le quand vous le voyez ! Un homme qui cherche ce genre de relations ne vous verra que lorsque la situation est propice. Il ne sortira pas avec vous pour jouer au golfe miniature ! Un homme qui n'a pas d'intentions sérieuses ne semble jamais très intéressé par votre vie. Vous découvrirez qu'il oublie beaucoup de choses que vous lui avez dites et qu'il ne pose pas les questions importantes que poserait quelqu'un qui tient à vous. Il ne vous présentera pas ses amis, ne vous appellera pas de manière régulière et ne vous invitera jamais en vacances ou à des réunions de famille. Et, si jamais vous avez le malheur de lui demander plus qu'une simple nuit de délire érotique, il se refermera comme une huître ou vous rembarrera sèchement.

Rappelez-vous : vous avez le pouvoir de dire à cet homme que les choses ne vont pas comme vous le voulez. Observez les signaux et contrôlez votre destin. Si cet arrangement vous convient et si vous aussi n'attendez rien d'autre de lui qu'une partie de jambes en l'air, alors ne vous privez surtout pas. Si, au contraire, vous rêvez d'une histoire d'amour plus complète, laissez tomber ce type avant de trop vous attacher et de vous aveugler sur ses véritables attentions à votre égard.

Nous vous avons dit au début de ce chapitre que nous ne chercherions pas à éluder toutes les « horribles vérités » qui nous concernent afin que vous cessiez, dans certains cas, d'entretenir d'inutiles illusions. Alors, respirez un bon coup et parcourez bravement les lignes qui vont suivre.

Horrible vérité n° 2 : Les hommes trompent les femmes qu'ils aiment

Pourquoi les hommes trompent-ils les femmes ? De notre point de vue, la réponse est simple : nous aimons la variété sexuelle. Notre tendance naturelle est de désirer éternellement de nouvelles partenaires, même si nous entretenons par ailleurs une relation parfaitement satisfaisante avec une femme que nous aimons, que ce soit sexuellement ou autrement.

N'avez-vous jamais rencontré d'homme qui, ayant une belle petite amie ou épouse, l'a trompée avec une femme beaucoup moins séduisante ? Les femmes attribuent probablement cela à des problèmes dans leur couple. Ce n'est pas toujours le cas. Un homme couchera avec une femme moins attirante que sa régulière tout simplement par besoin de variété. Prenez Hugh Grant, par exemple. Sa petite amie est un mannequin splendide qui, de surcroît, paraît intelligente et très attachée à lui. Tout homme se consumerait de désir auprès d'elle. Et pourtant, Grant a été arrêté pour avoir levé une prostituée et s'être fait sucer dans sa voiture. Il n'est pas l'un des auteurs de ce livre, mais nous pouvons risquer le pari que nous savons exactement ce qu'il pensait à ce moment-là. Il voulait séduire une partenaire nouvelle, prostituée ou pas, quelqu'un qui soit totalement étranger à sa vie habituelle, une femme *différente* de celle qu'il fréquente tous les jours.

Aussi jolie que soit une jeune femme, elle ne pourra jamais empêcher son partenaire d'avoir besoin de variété. Un homme regardera, abordera ou couchera avec une femme dotée d'une petite poitrine s'il est avec une amie qui a une grosse poitrine, avec une fille grande si la sienne est petite, etc.

Nous avons observé quelques hommes mariés à des soirées de célibataires : ce sont souvent les plus débridés et les plus portés sur les plaisanteries sexuelles. Ce ne sont pas les célibataires qui s'excitent comme des fous sur les strip-teaseuses et les prostituées, mais les hommes mariés. Ils se comportent comme des animaux échappés d'une cage.

Nous ne disons pas que *tous* les hommes trompent leurs femmes. Mais, en tout cas, tous y pensent. Les hommes sont dévorés en permanence par un constant désir de changement. Bien entendu, par égard pour vous et parce que nous vous aimons, nous essayons de contenir nos désirs sexuels. Notre surmoi s'emploie à calmer nos instincts mais, parfois, les seconds l'emportent sur le premier et il arrive que la tentation soit trop forte. « Grandis ! Sois civilisé ! » nous disent les femmes que cette attitude met terriblement en colère. La vérité est que nous sommes différents de vous. Nos synapses fonctionnent autrement. Pour les femmes, le sexe est une question d'attachement, de lien émotionnel. C'est vrai aussi pour les hommes mais, souvent, nous sommes tout à fait capables de ne considérer que le sexe et rien d'autre. Nous ne nous impliquons pas affectivement.

Les femmes ont tendance à prendre l'infidélité sexuelle d'un homme comme le symptôme d'une relation imparfaite et elles culpabilisent lorsqu'elles sont trompées. Pourtant, ce n'est pas nécessairement leur faute ! Même si un homme est toujours à la recherche d'excuses pour justifier ses écarts, il n'obéit en réalité qu'à des pulsions sans aucun rapport avec sa vie de tous les jours. Naturellement, à la moindre friction entre vous, il se sentira autorisé à moins résister aux multiples tentations qui lui seront offertes. Est-il fâché contre vous ? Vous soupçonne-t-il de le tromper ? Une jolie blonde croise son chemin et ses défenses le trahissent. Se sent-il en perte de vitesse parce qu'il a des soucis à son travail, parce qu'il vieillit ou pour tout autre problème ? Une ravissante brunette lui sourit et il saute sur l'occasion pour vérifier son charme et tester son pouvoir de séduction. Les hommes savent souvent se montrer plus pragmatiques que les femmes. S'il existe réellement des lignes de fractures dans votre couple, il est probable qu'un homme ne se contentera pas de ruminer ses problèmes et cherchera des diversions sexuelles...

L'infidélité sexuelle : les signes indicateurs

Nous sommes sûrs que certaines d'entre vous sont d'excellents détectives et devinent au premier battement de cils qu'un homme les trompe. C'est comme s'il s'agissait d'un don de double vue. Vous le savez peut-être, l'infidélité sexuelle ne se trahit pas seulement par du rouge à lèvres sur son col de chemise ou du parfum sur ses vêtements. Elle se manifeste par de subtils changements de comportement. Voici quelques indices qui permettront aux plus candides de flairer que leur partenaire a une vie amoureuse secrète.

– Il semble de plus en plus désorganisé

Contrairement à la croyance populaire, tromper sa régulière n'est pas chose facile pour un homme. Il risque de se retrouver dans des situations extrêmement stressantes parce qu'il vit une double vie. Pas commode d'assurer la prospérité de ses activités « extraconjugales » tout en essayant de satisfaire sa femme au quotidien. Il lui faut toujours s'efforcer de brouiller les pistes et de jongler avec son emploi du temps. Si tel est le cas, vous finirez un jour ou l'autre par remarquer que, contrairement à autrefois, il semble de plus en plus débordé et incapable d'organiser correctement son emploi du temps. Il se peut aussi qu'il devienne plus secret et élude vos questions dès que vous cherchez à en savoir plus sur le déroulement de ses journées.

Lorsqu'un couple vit une relation heureuse, chacun est ouvert à l'autre. Si vous êtes devenus très intimes, un homme ne sera pas fâché de vous voir consulter son fameux petit agenda noir ou ouvrir sa boîte aux lettres pour lui rapporter son courrier en allant acheter le pain. Puisque le lien est solide, vous pouvez tout vous raconter et rire ensemble de vos expériences passées. Mais s'il ne partage rien de personnel avec vous, si vous n'avez jamais réussi à découvrir quel genre d'amis il fréquentait ou comment il passait ses soirées, restez sur vos gardes. Il est clair que vous n'êtes pas seule en lice.

– Les appels téléphoniques deviennent plus clandestins

Un homme qui a la conscience tranquille ne craindra pas la sonnerie du téléphone si vous vous trouvez chez lui. S'il laisse constamment son répondeur branché et baisse le volume du haut-parleur, c'est qu'il bat la campagne dans votre dos. Bien entendu, cela peut se comprendre si vous êtes en train de dîner en amoureux, de faire l'amour ou si vous êtes engagés dans une conversation passionnante. Mais si un homme vous dit en permanence qu'il ne veut pas répondre au téléphone lorsque vous êtes là, alors nous pouvons parier notre chemise qu'il ne joue pas franc-jeu avec vous.

Un homme qui trompe sa petite amie ne veut pas écouter ses messages devant elle. Combien de fois avons-nous voulu donner un coup de hache sur ce répondeur lorsqu'il s'enclenche et que nous remarquons – trop tard ! – que le volume est à son maximum... Une voix féminine résonne clair et fort dans la pièce et nous ne savons plus où nous mettre. Regardez-nous alors bondir comme un tigre sur ce maudit répondeur, renverser une lampe au passage, heurter la table et bousculer le fauteuil pour couper le sifflet à ce haut-parleur impitoyable. Dans de telles situations, les prouesse athlétiques de certains types sont vraiment époustouflantes ! Si vous êtes dans une relation de confiance, cela ne devrait pas constituer un sujet de dispute. Ne vous méprenez pas, un homme a besoin d'intimité et il est important que vous ne passiez pas votre temps à épier ses messages. Il ne le supporterait pas. En revanche, si vous vous apercevez que vous ne pouvez *jamais* entendre aucun de ses messages téléphoniques, alors commencez à vous poser des questions.

– Il ne vous invite plus chez lui

Si votre relation marche bien mais si vous passez presque tous vos moments ensemble dans *votre* appartement et jamais dans le *sien*, ce partenaire vous cache quelque chose. Il doit craindre, s'il vous emmène chez lui, des coups de téléphone qu'il préférerait vous dissimuler ou des visites impromptues d'autres femmes.

Nous sommes tout à fait capables de vous mentir comme des arracheurs de dents si les circonstances nous y obligent. Nous connaissons des hommes qui se sont inscrits à des services d'abonnés absents pour ne pas communiquer leur vrai numéro de téléphone aux femmes qu'ils draguent. Ils espèrent ainsi s'épargner toute sorte de complications et préserver leur vie privée. D'autres ne donnent que leur numéro de portable ou prennent carrément une seconde ligne reliée constamment à un répondeur. De cette manière, ils continuent d'organiser leur double ou triple vie sans qu'aucune de leurs petites amies ne s'en aperçoive. Oui, oui, nous savons, c'est horriblement sournois. Mais c'est dans notre nature...

– Il ne veut jamais faire de projets à l'avance

Faites toujours attention à un type qui n'est jamais prêt à organiser à l'avance un rendez-vous. Aussi solide que paraisse votre relation, il pense probablement qu'il doit garder de la souplesse dans son emploi du temps au cas où une opportunité plus alléchante se présenterait – c'est-à-dire un rendez-vous avec une autre femme. Cet homme ne sait pas d'une minute à l'autre ce qu'il va faire et déteste se sentir prisonnier d'une soirée prévue depuis longtemps. Comme nous l'avons dit plus haut, un homme qui court les filles alors qu'il est engagé dans une autre relation se déplace à la vitesse de la lumière et refuse toujours d'échafauder le moindre projet. Il vous demandera de sortir à la dernière minute afin d'avoir le maximum de temps pour choisir ce qu'il veut faire ce soir-là.

– Il vous emmène dans des lieux plus discrets

Lorsque votre ami est en quête de nouvelles bonnes fortunes, il ne vous faudra pas longtemps pour remarquer qu'il ne vous sort plus en public. Ce n'est pas qu'il pense que vous n'êtes pas assez séduisante, mais parce qu'il craint d'être vu avec vous. Il redoute que ses copains le trahissent s'ils l'ont vu avec une autre ou, scénario pire encore, que vous ne croisiez par hasard dans le même restaurant cette jolie brune qu'il a rencontrée en cachette la semaine précédente. Quelle belle scène cela ferait, n'est-ce pas ? Or les hommes ont *horreur* des scènes, surtout en public. Bref, si sa vie amoureuse se complique parce qu'il recommence à sortir avec d'autres femmes, votre petit ami rechignera de plus en plus à l'idée de vous emmener dans ses lieux favoris que, pourtant, il adorait vous faire connaître auparavant. Prétextant un besoin de nouveauté, il se mettra soudain à choisir des bars ou des restaurants qu'il n'a jamais fréquentés, simplement pour ne pas prendre le risque de tomber sur une autre de ses conquêtes.

– Sa réserve de préservatifs est épuisée

Excusez notre candeur (ou notre brutalité, c'est selon), mais la disparition mystérieuse de sa réserve de préservatifs peut être un autre indice de son infidélité. Nous connaissons un ami qui utilisait toujours un préservatif avec sa partenaire (comme tout le monde devrait le faire, d'ailleurs !). C'était même elle qui les achetait parfois et elle savait quand la réserve diminuait. Elle finit par remarquer que les boîtes disparaissaient en un temps record. Comme il lui paraissait plus qu'improbable qu'il utilise ces préservatifs pour se masturber, elle en conclut que quelque chose ne tournait pas rond et l'affronta directement sur cette question. Pour s'en sortir, il lui raconta que l'un de ses amis avait l'habitude de les lui faucher. Peu convaincue, elle mena sa petite enquête, découvrit qu'il mentait et le laissa tomber.

– Il fait moins souvent l'amour avec vous

Vous détectez une modification physiologique chez votre partenaire ? Une baisse de son désir sexuel ? Soyez sur vos gardes. La capacité d'un homme à vous honorer sera réduite s'il honore d'autres partenaires. Comme nous l'avons déjà mentionné, un homme préfère remettre l'amour à plus tard s'il ne se sent pas prêt. S'il fait l'amour avec quelqu'un d'autre, il sera moins disposé à le faire avec vous et il cherchera de plus en plus à éluder vos moments d'intimité sous de faux prétextes. Son appétit sexuel et son esprit sont ailleurs.

Comment se fait-il que votre compagnon soit devenu si froid et distant à votre égard ? Pourquoi dans le passé était-il si furieux quand vous sortiez avec vos amies le samedi soir au lieu de le voir, alors que, maintenant, c'est lui qui vous suggère de sortir avec elles le week-end ? Est-ce qu'il ne vous appelait pas trois fois par jour auparavant ? Désormais, il ne cesse de vous répéter qu'il a tellement de travail qu'il ne trouve pas un moment pour vous appeler. Quand vous parliez tous deux au téléphone des heures entières, il ne se plaignait jamais d'être fatigué. Et voilà que, depuis quelque temps, il répond de mauvaise grâce à vos appels, se plaint de tomber de sommeil et écourte promptement la conversation. Sans parler de son fichu répondeur sur lequel vous tombez sans arrêt alors qu'autrefois il décrochait à la première sonnerie ! Si vous le poussez dans ses retranchements, il répondra d'un ton bougon qu'il n'a pas entendu le téléphone sonner...

Bien sûr, certains hommes adoptent cette attitude dès le début. Mais ceux qui nous intéressent ici sont ceux dont le comportement change après avoir manifesté à votre égard une attitude plus attentive et aimante. Ne vous leurrez pas : si l'attitude d'un homme change soudain, c'est qu'il a trouvé quelqu'un de nouveau avec qui s'amuser. Ses préoccupations sont ailleurs. Vous ne faites plus partie de ses priorités.

– Il évite de vous faire rencontrer ses amis

Si votre homme vous trompe, il vous éloignera de ses amis. Non par crainte que vous vous immisciez dans son univers amical mais, tout simplement, parce qu'il a peur qu'un ami gaffeur ne fasse voler en éclats sa couverture. Les amis d'un homme ne connaissent pas les histoires qu'il a racontées à sa dulcinée sur ce qu'il a fait mardi dernier. Il lui a peut-être dit qu'il travaillait tard alors qu'il courait la prétentaine avec sa nouvelle conquête dans un bar branché de la ville. Non averti, un copain risque de mettre innocemment les pieds dans le plat et de ruiner en deux phrases tout l'échafaudage de mensonges que votre partenaire aura laborieusement construit pour que vous ne découvriez pas le pot aux roses. Il est généralement si embrouillé dans la toile de ses mensonges qu'il en devient prisonnier. Comment diable peut-il attendre de ses amis qu'ils couvrent ses bassesses si lui-même a déjà bien du mal à y parvenir ? Ce n'est pas que ces derniers ont de mauvaises intentions, mais il est presque impossible d'éviter toutes les conversations qui entraîneraient des problèmes.

Horrible vérité n° 3 : Quand un homme vous dit « Je ne suis pas prêt à m'engager », il omet d'ajouter « ... avec toi »

Combien de fois avez-vous entendu un type dire : « Je ne suis pas encore prêt à m'engager » ? C'est le genre de phrase qu'il dit s'il sort depuis un moment avec une femme qui le presse de passer à la vitesse supérieure et de se prononcer sur ses sentiments à son égard. Elle l'imagine aussi amoureux qu'elle est éprise, souhaite qu'il ne s'intéresse plus à aucune autre femme et qu'il se comporte en authentique monogame. Aussi, lorsqu'il lui dit qu'il n'est pas prêt, il y a des chances pour que, bercée par ses illusions, elle comprenne, à tort, que c'est une question de moment et qu'il finira par se décider avec le temps. *Erreur !* En réalité, il n'a aucune envie de s'engager *avec elle.*

Croyez-nous : *un homme sait presque immédiatement, de façon plus ou moins consciente, si la femme avec laquelle il sort est – ou non – une femme susceptible de devenir, un jour, son épouse.* S'il n'a pas cette impression après deux rendez-vous, il ne l'aura jamais. Lorsqu'il affirme qu'il n'est pas prêt à s'engager, cela signifie que vous n'êtes pas la femme qu'il lui faut. Il n'a même – désolés de vous le dire ! – jamais pensé que vous l'étiez. Pensez à votre ancien petit ami ou à vos amis de sexe masculin. Combien de fois les avez-vous entendus parler de la sorte à leur compagne du moment puis, un mois ou une semaine plus tard, rencontrer sans vergogne une autre femme dont ils tombaient éperdument amoureux ? En réalité, il n'existe pas de « prêt » ou de « pas prêt » lorsqu'il s'agit de tomber amoureux et de s'engager. Un homme peut croire qu'il n'est pas prêt à s'engager alors qu'il l'est. Il n'a tout simplement pas rencontré la femme qui lui faut et qui lui donnera instantanément envie de tout quitter pour elle.

Beaucoup d'hommes sont catalogués comme des play-boys, noceurs, dragueurs et briseurs de cœurs. Ils ont l'air d'apprécier tellement leur vie de célibataire qu'il est à croire qu'une relation durable ne les intéressera jamais. Pourtant, croyez-nous, même ce genre de types sera attrapé un jour ou l'autre par une femme. Au fond de lui, tout homme souhaite s'accomplir à travers une histoire d'amour réussie. Certes, quelques-uns sont plus volages que d'autres, mais ils attendent encore que la partenaire idéale entre dans leur vie. Brad a été catalogué « noceur » par toutes les femmes qui le connaissaient. Il est vrai qu'il sort beaucoup. Toutefois, lorsqu'il rencontre une femme qui l'intéresse, il se fixe et devient d'une fidélité exemplaire. Cela ne veut pas dire que la relation n'aura pas une fin et qu'il ne reprendra pas, un jour ou l'autre, ses anciennes habitudes. Mais, lorsqu'il pense qu'il a rencontré une femme qui l'émeut vraiment, il ne lui dira pas qu'il n'est pas « prêt » pour une relation de couple.

Comme nous l'avons dit, les hommes savent parfaitement repérer une relation qui ne les mènera nulle part. Cela ne les empêche pas de nouer des liens éphémères tout simplement parce qu'ils ont besoin d'expériences sexuelles. Presque chacun d'entre nous a entretenu plus ou moins brièvement des relations de couple dont nous savions qu'elles ne nous conduiraient vers aucun accomplissement sérieux et durable. Mais nous conservions ce lien malgré tout, le temps de rencontrer une femme qui nous plaise davantage. Cela peut paraître cynique, c'est pourtant la vérité.

Prenons l'exemple d'un homme qui a *toujours* besoin de traîner avec ses amis. Il est probablement très proche d'eux et ne cesse de vous répéter que vous ne devez pas essayer de vous immiscer dans son groupe. Il vous expliquera aussi que vous devez accepter le fait qu'il sorte très souvent avec eux, chaque week-end en fait. Le problème, c'est que, derrière ces arguments, se cache une autre vérité : il se moque de vous et ne vous considère absolument pas comme quelqu'un d'important dans sa vie. Sinon, il plaquerait tout pour rester avec vous. Acceptez l'évidence et ne vous laissez pas abuser par ces explications loufoques.

Étudiez un instant le petit échange qui suit :

BRAD : Je ne sors jamais avec des femmes le week-end.

SUZY : Quel est le type qui ne sort pas le week-end avec sa dulcinée ?

BRAD : Moi.

SUZY : Je n'ai jamais rien entendu d'aussi idiot... Alors, qu'est-ce que tu fais le week-end ?

BRAD : Je vois des clients ou je sors avec mes amis. S'il te plaît, ne me casse pas les pieds avec ça.

SUZY : Tu n'as jamais entendu dire que les gens sortent le samedi soir ? Que ce soit à Paris, à New York ou à Helsinki !

BRAD : Eh bien, pour moi, c'est différent. Si tu y tiens vraiment, on peut essayer de se voir de temps en temps le dimanche soir. Mais je n'y tiens pas trop parce que je me lève tôt le lendemain matin...

Cette conversation, Brad l'a eue avec l'une de ses anciennes petites amies. En réalité, il ne s'intéressait pas profondément à elle mais voulait maintenir un vague lien pour les jours où il se sentirait en manque. Par voie de conséquence, il n'avait aucune envie de la traîner avec lui à des soirées où il s'amusait avec ses amis et, surtout, où il draguait d'autres femmes, notamment le week-end... Il ne voulait pas vraiment lui mentir mais, en fin de compte, il ne voyait aucune autre alternative. Ce petit jeu ne marcha pas, du moins avec Suzy. Elle comprit très vite qu'il la menait en bateau et préféra rompre.

Il arrive qu'un homme continue de sortir avec une femme une ou deux fois par semaine, jamais plus. Parfois, il peut l'emmener en week-end mais n'échafaudera aucun projet de vacances en sa compagnie. C'est le signe qu'il ne lui est pas véritablement attaché. En revanche, s'il est fou de vous, il insistera pour vous rencontrer le plus souvent possible. Nous ne sommes guère différents des femmes sur ce point. S'il y a eu coup de foudre, nous voulons, tout comme vous, que la relation aille de l'avant. Mais si nous nous contentons fort bien d'une seule rencontre par semaine, comprenez que nous courons toujours les filles. Nos yeux restent pour ainsi dire encore ouverts et nous n'avons aucune intention de vous consacrer les meilleurs moments de notre existence. Il est d'ailleurs probable que nous ne le ferons jamais.

Horrible vérité n° 4 : Nous vous jugeons d'abord sur votre physique

L'apparence d'une femme est tout pour un homme. Si, lorsqu'il vous rencontre pour la première fois, il ne vous trouve pas séduisante, laissez tomber. Cela ne signifie en rien que vous n'êtes pas désirable. Simplement, vous ne correspondez pas à ses critères à lui. Pour lui plaire, vous n'avez pas besoin d'être un supercanon. Il a juste besoin de se sentir physiquement attiré par vous. Les hommes sont avant tout des visuels et c'est d'abord la plastique d'une femme qui les excite – ou non. Observez-les lorsqu'ils marchent sur un trottoir plein de monde et qu'ils regardent machinalement les passantes. Leurs regards enregistrent en un dixième de seconde chaque détail de leur apparence. Ils sont neurologiquement équipés pour cette sélection aussi impitoyable que naturelle.

Nous sommes – et nous resterons toute notre vie – d'éternels chasseurs. Cela peut paraître affreux mais, encore une fois, c'est la vérité. Si vous avez une jolie sœur, soyez assurée que votre petit ami pensera fugitivement à faire l'amour avec elle même si ce désir ne restera jamais qu'au stade d'un fantasme éphémère. Ne demandez pas à votre ami si cela est vrai parce qu'il mentira comme un arracheur de dents et vous jurera ses grands dieux qu'il n'a de pensées que pour vous. Pourtant, même si votre sœur n'est pas plus jolie que vous, il se verra, l'espace d'un millième de seconde, se glisser entre ses draps. Ainsi sommes-nous faits : toute femme « consommable » que nous croisons deviendra, le temps d'un flash, un gibier de choix pour nos instincts de mâles.

Si vous pensez que c'est une bonne idée de montrer des photos de vous et de vos amies prises au cours de votre dernier anniversaire ou lors de vos vacances, vous avez tort. À moins, bien sûr, que cela ne vous gêne en rien de voir votre petit ami reluquer vos copines en salivant. Il se pourrait même que cet indélicat pousse la curiosité jusqu'à chercher à rencontrer l'une d'elles !

Aujourd'hui, il arrive fréquemment qu'un homme et une femme se rencontrent par l'intermédiaire du téléphone, du Minitel ou de l'internet. S'ils se trouvent mutuellement sympathiques, ils peuvent décider de se connaître enfin pour de bon. Ils se fixent rendez-vous dans un lieu public et se décrivent physiquement pour être sûrs de se reconnaître. Ce sont les fameux rendez-vous « en aveugle ». Mais, souvent, l'idée qu'on s'est faite de l'autre ne correspond en rien à la réalité et la déception est, elle aussi, au rendez-vous. Brad avait ainsi organisé une rencontre dans un restaurant avec une femme qu'il n'avait encore jamais vue. Il arriva le premier, donna au serveur une description approximative de son invitée et lui demanda de la conduire à sa table. Lorsqu'elle arriva enfin, il ne fut malheureusement pas du tout séduit par son physique. Il se rendit aux toilettes, appela le serveur et lui donna sa carte de crédit en lui expliquant qu'il souhaitait qu'on lui présente l'addition dès que le plat principal serait terminé. Tout en respectant un minimum de politesse avec sa partenaire de fortune, il ne voulait pas passer une minute de trop avec elle.

Personne ne peut rien contre ce constat : pour un homme, le physique d'une femme est déterminant dès les premiers instants de la rencontre. Comme toutes les femmes peuvent tirer parti de ce que la nature leur a donné, chacune a sa chance. La première fois qu'il pose les yeux sur vous, un homme ressentira immédiatement l'étincelle du désir. Si cela n'arrive pas, inutile d'insister. Vous n'êtes pas faite pour lui. Mais lorsqu'il tombe amoureux d'une femme, elle devient chaque jour plus belle à ses yeux.

Horrible vérité n° 5 : Les hommes n'ont aucune inclination naturelle pour le mariage

Un homme se sent toujours très nerveux à l'idée de s'engager pour la vie. Même s'il vous adore, il déteste signer en bas de la page. Si la société n'exigeait pas que les hommes se marient, ils ne le feraient pas.

Lorsqu'il finit par se faire à cette idée, la première chose à laquelle il pensera c'est qu'il va perdre sa liberté et qu'il ne pourra plus séduire d'autres femmes. Tous les ajustements exigés par la vie à deux ne sont que bagatelles comparés à cette restriction. Même s'il vous est fidèle depuis des années, même s'il est follement amoureux, cela ne change rien à cet accès de panique. S'engager avec vous à une « éternelle fidélité » lui donne l'impression d'être amputé d'une part de lui-même et le remplit de crainte et d'inquiétude.

Un homme se décide à envisager le mariage non parce qu'il le veut lui-même mais parce que les règles sociales l'y obligent et qu'il sait que la femme qu'il aime y tient terriblement. Il sait qu'elle attend cela depuis toujours car, elle aussi, a été conditionnée pour cela par la société et par sa biologie. Il comprend que, s'il ne lui propose pas le mariage, il risque de la perdre. Et, lorsqu'il se demande pour la millième fois s'il doit ou non s'engager pour de bon avec elle, il ne songe pas aux bénéfices personnels et affectifs que peut lui apporter cette union, il envisage plutôt tous les côtés négatifs. Parce que nous détestons perdre notre liberté, nous nous comportons comme des hommes d'affaires prudents qui, avant de signer un contrat important, en analysent soigneusement tous les termes. Durant toute notre vie adulte, nous restons intimement persuadés que nous sommes faits pour séduire et aimer de nombreuses femmes. Comment allons-nous pouvoir réprimer ce désir ? C'est comme si quelqu'un nous avait dit : « À partir de demain, tu vas devoir marcher sur les mains pour le restant de ta vie. »

S'engager dans le mariage va à l'encontre de tous les instincts naturels de l'homme. Aussi désagréable qu'il y paraisse, il lui faut vraiment se forcer pour accepter de se marier.

Conclusion

Ces vérités parfois abruptes sur les hommes peuvent paraître difficiles à accepter mais il est important que toutes les femmes les connaissent. La réalité, c'est que le désir sexuel – sublimé ou non – est le moteur même de nos actes et la source unique de notre intérêt pour vous. Et non un quelconque idéal romantique. L'instinct sexuel est l'aspect constamment sous-jacent de cette « masculinité » qui nous caractérise et que nombre de femmes ont tendance à oublier, enjoliver ou nier.

Pourtant, en apprenant à connaître notre vraie nature et la réalité de nos désirs ou de nos craintes, vous aurez en main les cartes maîtresses. Car, une fois que vous savez ce que veut un homme, il est à vous.

Table des matières

99 fantasmes À RÉALISER pour vous rendre unique

Margot Saint-Loup

MARABOUT

IMPRIMÉ EN ALLEMAGNE PAR GGP MEDIA GMBH

pour le compte des
Nouvelles Éditions Marabout
D.L. Juin 2010
ISBN : 978-2-501-05259-7
40.8841.5/05

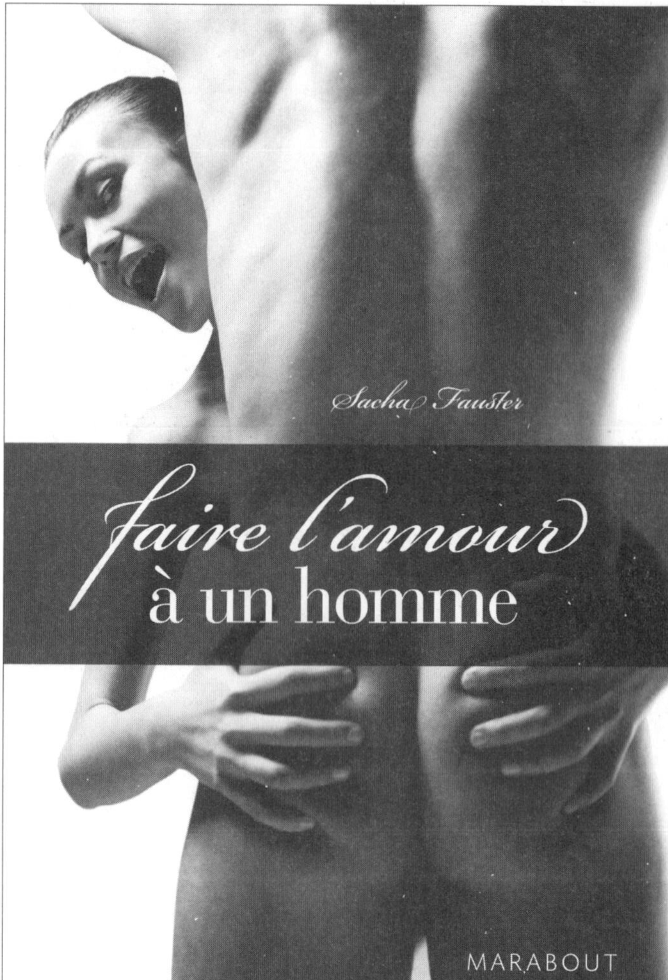
Sacha Fauster
faire l'amour
à un homme
MARABOUT